Sommer / Wind · Mode

Carlo Michael Sommer, Psychologe, und
Thomas Wind, Soziologe, leben und arbeiten als
Wissenschaftler und Publizisten in Heidelberg.
Zahlreiche Veröffentlichungen und
Fernsehbeiträge, insbesondere auf dem Gebiet
der populären Kultur.

Carlo Michael Sommer / Thomas Wind

Mode

Die Hüllen des Ich

PSYCHOLOGIE HEUTE
Buchprogramm

CIP-Titelaufnahme der Deutschen Bibliothek

Sommer, Carlo Michael:
Mode : d. Hüllen d. Ich / Carlo Michael Sommer ; Thomas
Wind. – Weinheim ; Basel : Beltz, 1988
(Psychologie heute : Buchprogramm)
ISBN 3-407-85085-9
NE: Wind, Thomas:

Lektorat: Michaela Huber
Satz: Fotosatz R. Schneider, 6900 Heidelberg
Druck und buchbinderische Verarbeitung: Druckhaus Beltz, 6944 Hemsbach
Umschlaggestaltung: Studio Sign, Frankfurt/M.
Innenlayout: Fried-Jürgen Bachl
Printed in Germany

ISBN 3 407 85085 9

Inhaltsverzeichnis

Kleider-Leben

Die Macht der Mode

Nicht nur Kleidung kleidet

Er, Sie, Es

Die Mode ist tot, es lebe die Mode?

Vorwort

Einer weitverbreiteten Meinung zufolge soll Kleidung einfach nur nützlich, das heißt bequem und praktisch sein. Alles andere – imponieren, demonstrieren, schockieren, sich anpassen, modisch sein – das hat man nicht nötig. Das überläßt man den »Modenarren«.

Kleidung die praktische Hülle, *Mode* die irrationale, unberechenbare Macht? Für ihre Kritiker bringt die Mode oberflächliche, eitle Naturen auf mehr oder minder rätselhafte Weise dazu, alle paar Monate von einer abstrusen Montur in die nächste zu schlüpfen. Für ihre Verehrer ist sie ebenso faszinierend und besitzergreifend wie die Macht der Liebe.

Wir wollen in diesem Buch mit dem Vorurteil von der bloß »nützlichen« Kleidung und der nur unnützen, irrationalen Mode aufräumen und dabei vor allem die psychischen und sozialen Funktionen, die Kleidung und Mode für Individuen, Gruppen und Gesellschaft erfüllen, unter die Lupe nehmen.

Dieses Buch über »Mode« ist also weder eine Kostümgeschichte noch eine Hofberichterstattung vom Glanz und Gloria der Haute Couture, sondern ein Versuch, die Bedeutung von Kleidung und Mode für Menschen im Alltag auf wissenschaftlich fundierte und zugleich anschauliche und unterhaltsame Weise darzulegen.

Im ersten Kapitel gehen wir dabei der Frage nach, »*Warum der Mensch sich kleidet*«, wobei deutlich werden wird, daß die Schutzfunktion der Kleidung für den Menschen gar nicht so bedeutsam ist, wie oft behauptet wird. Wichtiger sind vielmehr die sozialen Funktionen der Kleidung: Auch durch die unauffälligste Kleidung tun wir uns wie anderen unsere Identität, unsere Hoffnungen und Ängste kund. Wir kommunizieren durch Kleidung: Wir senden mit ihr Botschaften aus, wir empfangen solche Botschaften und richten uns danach.

Daß wir dies immer nur als Mitglied von sozialen Gruppen, im Rahmen von »*Vorschriften und Vorlieben*«, tun können, zeigt das zweite Kapitel.

Material, Farbe, Silhouette sind die fühl- und sichtbaren Elemente, aus denen »*Die pure Hülle*« besteht. Welche Rollen sie in einer Psychologie der Kleidung spielen, erhellt Kapitel drei.

Wie der Einzelne den modischen Wandel erlebt und in verschiedenen Lebensphasen auf sich bezieht, illustriert der Abschnitt »*Kleider-Leben*«.

Warum wir den modischen Wandel wollen, und warum die Mode zu einer bestimmten Zeit ganz bestimmte Erscheinungen bevorzugt, versuchen wir im Kapitel über »*Die Macht der Mode*« zu erklären. Hier werden wir auch der Frage nachgehen, wie Moden entstehen, das heißt, wer eigentlich Mode »macht« und wer sie übernimmt. Es geht uns dabei weniger um die technischen oder wirtschaftlichen Aspekte des Modegeschehens als um die sozialen Prozesse, die neue Moden hervorbringen und verbreiten. Die durchaus verblüffende Beobachtung, daß Massenmoden oft auf Kreationen machtloser, von der Mehrheit abgelehnter Minderheiten zurückgehen, soll in diesem Zusammenhang stichhaltig erklärt werden.

»*Nicht nur Kleidung kleidet*«, auch unsere »erste Haut« unterliegt der modischen Gestaltung, und Accessoires, wie etwa die Brille, verändern unser Äußeres sozialpsychologisch bedeutsam.

In allen Kulturen bringt Kleidung die Beziehungen zwischen den Geschlechtern und Altersgruppen – »*Er, Sie, Es*« – zum Ausdruck. Mal sind die Rollen und Erscheinungsbilder klar geschieden, mal verwischen sich die Grenzen. Warum sehen die Kinder einer bestimmten Epoche so erwachsen aus, die Erwachsenen zu einer anderen Zeit so kindlich? Auf welche Mittel der Schneiderkunst sind solche Eindrücke zurückzuführen? Was hat es auf sich mit der »neuen Androgynität«?

In den jüngsten Kapiteln der Modegeschichte wurde der bedingungslose Individualismus ausgerungen: alles geht, alles ist erlaubt. Führt dieser Trend zum Ende der Massenmoden oder ist er selbst nur eine kurzfristige Modelaune?

Mit dieser Frage versuchen wir abschließend Die Rolle der »*Mode in der Postmoderne*« zu bestimmen und mögliche Trendsetter von morgen auszumachen.

Sommer & Wind, im August 1987

Warum der Mensch sich kleidet

Die grundlegenden Motive

Der Weisheit Anfang besteht darin, daß man es lernt, die Kleider, nötigenfalls mit bewaffnetem Auge, so lange und so scharf zu betrachten, bis sie durchsichtig werden.

Thomas Carlyle

Der Mensch ist ein nackter Affe, sagt Desmond Morris. Der Mensch ist »ein allesfressendes, zweibeiniges Geschöpf, das Hosen trägt«, sagt Carlyles *alter ego* Teufelsdröckh[1]. Wir sind geneigt, eher letzterem zuzustimmen, auch wenn's nicht immer Hosen sein müssen.

Wie kommt der Mensch dazu, sich eine zweite Haut überzustülpen und dieser so viel Bedeutung zuzumessen?

Weil mir kalt ist, sagt der eine. Weil der Anstand es erfordert, ein anderer. Weil ich etwas hermachen will, ein dritter.

Schutz, Scham und schmückende Darstellung, das sind die drei Hauptmotive, die die Wissenschaft traditionell dem sich kleidenden Menschen unterstellt.

Die *Schutzfunktion* der Kleidung scheint unmittelbar plausibel. Der Urmensch, der sich wohl in einem warmen Klima entwickelt hat, mußte bei seinem Vordringen in kältere oder extrem heiße Regionen seinen Körper vor Wärmeverlust oder Überhitzung schützen. Was lag näher, als sich die Felle erlegter Tiere oder später selbstgefertigte Textilien umzuhängen?

Ritterrüstung, Imkertracht, Anglerstiefel, Schutzhelme, Strahlenschutzanzüge, schwere Wintermäntel sind Beispiele für die Schutzfunktion von Kleidung aus weniger fernen Zeiten.

Das Schutzmotiv hat gewiß eine große Rolle bei der Entwicklung der Kleidung gespielt. Doch spricht einiges dagegen, die Hauptbedeutung der Kleidung in spröder Zweckmäßigkeit zu sehen.

So gibt es Menschen, die ohne wärmende Kleidung in kalten Regionen leben, wie etwa die Feuerländer, an denen schon Darwin trotz des unwirtlichen Klimas nur Körperbemalung und ein paar Fetzen Fell entdecken konnte: »Wir waren wohl bekleidet, und obwohl wir nahe am Feuer saßen, war uns keineswegs allzu warm; doch diese nackten Wilden sah man zu unserer großen Überraschung, obgleich weiter entfernt, ob solcher Röstung schweißgebadet.«[2]

Diese »nackten Wilden« verfügten – wie wohl auch der Urmensch – über eine natürliche Wärmeregulierung, die es ihnen erlaubt, auch bei starken Klimaschwankungen ihre Körpertemperatur konstant zu halten. Natürlich funktioniert dieser Mechanismus auch bei uns »zivilisierten Menschen«. Wir sind es allerdings gewohnt, ihn durch An- und Ausziehen von Kleidung oder durch Manipulation der Umgebungstemperatur zu ersetzen. Auch dieser letzte Punkt spricht gegen die Schutzhypothese: Warum sitzen wir nicht nackt in unseren klimatisierten Büros oder unseren wohltemperierten Wohnungen? Warum überhaupt kleiden sich auch Menschen, die das ganze Jahr über in einem gemäßigten Klima leben?

Weil sie sich ihrer Blöße schämen, behaupten die Vertreter der »*Schamhypothese*«. Dabei können sie sich auf den biblischen Mythos vom Sündenfall berufen: Die mit dem Preis der verlorenen Unschuld bezahlte Erkenntnis brachte dem Menschen seine Nacktheit zu Bewußtsein und ließ ihn schamesrot zum Feigenblatt greifen. Die ganze Kleidung wäre mithin nicht mehr als eine elaborierte Weiterentwicklung des Feigenblattes.

Die Schamhypothese wurde besonders gern im moralinsauren Klima des 19. Jahrhunderts vorgebracht. Damals galt es ja schon als obszön, das Wort »Bein« in den Mund zu nehmen, und selbst die Konzertflügel bekamen »Hosen« übergestreift, damit man sich über den Anblick ihrer »nackten« Beine nicht entsetzen mußte. Heute wird diese Hypothese wohl kaum mehr ernsthaft vertreten. Es gibt auch keine Wissenschaft vom Menschen, die hier mit ernstzunehmenden Belegen dienen könnte. Die bereits erwähnten Stammeskulturen, die sich mit Hüftschnüren und Körperbemalung zufriedengeben, können und wollen damit kaum ihre Geschlechtsorgane verbergen; im Gegenteil, häufig werden diese dadurch erst betont. Die »armen Wilden« schämen sich oft erst dann, wenn ihnen wohlmeinende Missionare zum ersten Mal ein »zivilisiertes Hemd« übergezogen haben. Man setze sich nur einmal als einziger Bekleideter an einen Nacktbadestrand, um ein vergleichbares Gefühl zu erleben.

Das Schamgefühl kann sich in unterschiedlichen Kulturen und Situationen auf so verschiedene Objekte oder Zustände richten, daß die Scham angesichts der eigenen Blöße nur eine mögliche Spielart unter vielen anderen ist. Und selbst diese Spielart kennt noch zahllose Varianten: In der einen Kultur schämt man sich des nackten Gesichts, in einer anderen der nackten Beine oder des nackten Hinterteils, dafür aber nicht im geringsten des nackten Busens usw.

Scham als Kulturprodukt hängt von den je gültigen Normen ab, die überdies von Situation zu Situation wechseln können. Wir alle kennen das unangenehme Gefühl, in einer Situation zu fein (»overdressed«) oder in einer anderen nicht fein genug gekleidet (»underdressed«) zu sein.

Eine etwas nüchternere, moderne Variante der Schamhypothese hat Desmond Morris vorgebracht[3]: Seit der Mensch sich aufrecht fortbewegte, könne er einem Artgenossen nicht mehr gegenübertreten, ohne sexuelle Signale auszusenden. Um diese Dauerwirkung zu neutralisieren, habe er sich den Lendenschurz zugelegt.

Dagegen spricht, daß auch Affen einander häufig von hinten sehen oder einander gegenübersitzen, ohne gleich verschämt die Beine übereinanderzuschlagen. Auch hier scheinen eher Normen wie etwa die Rangordnung das Paarungsverhalten zu regeln als nur das willkürliche Präsentieren von Geschlechtsorganen. Überdies lassen sich hiermit nicht die erwähnten menschlichen Zweibeiner erklären, die mit ihrer spärlichen Bekleidung die Geschlechtsmerkmale noch *hervorheben*. Darüberhinaus betont Morris an anderer Stelle[4], daß der gesamte Körper eine einzige »Ansammlung von Geschlechtsmerkmalen« sei. Da kann auch der aufrechte Gang dann nicht mehr viel anrichten.

Das dritte Motiv, das man dem sich kleidenden Menschen unterstellt, ist das Bedürfnis, sich zu schmücken und darzustellen. Dieses Bedürfnis wird von den meisten Forschern als angeboren betrachtet und sowohl in der Geschichte der Menschheit wie auch in der Entwicklung des einzelnen als früheste Funktion der Kleidung angesehen. Schon in den Gräbern aus der Neanderthal-Zeit hat man Hinweise auf Körperbemalung entdeckt. Die einfachsten Formen der Kleidung, wie sie in gewissen Stammeskulturen vorkommen, scheinen vor allem *Schmuckfunktion* zu besitzen: Auf dieser Entwicklungsstufe findet man Körperbemalung, Tätowierung, eine eventuell mit Muscheln, Steinen, Federn, gefärbten Blättern behängte Hüftschnur sowie Ringe um Arme, Beine und Hals. Darwins nackte Feuerländer nahmen die ihnen angebotenen Kleidungsstücke zwar dankbar an, aber nur, um sie sorgsam in Stücke zu reißen und die Fetzen dann als Schmuck zu tragen.

Gewisse Vorformen spielerischen Schmückens findet man etwa bei Schimpansen, die – zumindest in Gefangenschaft – sich hin und wieder mit Bändern oder Lumpen dekorieren oder auch ihre Körper bemalen. Doch nur beim Menschen kann man von einer systematischen und stilistisch differenzierten Verwendung von Körperschmuck sprechen.

Eng mit der Schmuckfunktion verbunden ist der magische Gebrauch von Kleidung und Accessoires. Eine Kette mit Haifischzähnen oder das Fell einer erlegten Großkatze soll die gefährliche Kraft des Raubtiers auf den menschlichen Jäger und Krieger übertragen. Eine Kauri-Muschel symbolisiert das weibliche Geschlechtsorgan und soll Fruchtbarkeit bringen. Auch die Körperbemalung hat so gut wie immer magische Funktion. Selbst in unserer Zeit finden sich viele Beispiele von magischem Gebrauch der Kleidung: Der Sportler, der immer nur in dem Trikot antritt, in dem er noch nicht verloren hat[5], der Student, der sein Hemd während einer Prüfung linksherum trägt etc.

Am Beispiel der magischen Funktion wird deutlich, daß der Mensch sich nicht nur spielerisch für sich selber schmückt. Die Jagdtrophäe soll nicht nur Beuteglück bringen, sondern auch auf die Mitmenschen wirken. Indem er sich schmückt, zeichnet sich der Mensch vor anderen aus. Körperschmuck symbolisiert häufig die Rangstufen einer Gesellschaft und beeinflußt damit das Verhalten des Trägers ebenso wie das des Gegenübers.

Schamkapsel 1987 (Modell Gaultier)

Ähnliches gilt für die erotische Komponente des Körperschmucks. Im Widerspruch zur Schamhypothese stehen Befunde von Archäologen und Anthropologen, die belegen, daß die erotische Zurschaustellung zu den ältesten und grundlegendsten Motiven des sich kleidenden Menschen gehört.[6] Die frühesten und einfachsten Kleidungsformen nehmen ihren Ausgangspunkt im Genitalbereich, den sie allerdings, wie schon erwähnt, kaum bedecken, sondern schmückend hervorheben. Extremes Beispiel hierfür ist etwa das bei einigen Naturvölkern (in Melanesien, aber auch in Afrika und Südamerika) gebräuchliche »Penisfutteral«, das den Penis des

Trägers gleichsam in Dauererektion oft bis in Halshöhe künstlich vergrößert. Als Pendant bei den Frauen findet man häufig eine Hervorhebung des Hinterteils durch am Hüftring angebrachte bauschige Verzierungen (Federn, Blumen und dergleichen). Auch der aus der Hüftschnur entwickelte Lendenschurz scheint nur in Karl-May-Filmen der züchtigen Bedeckung gedient zu haben, im »richtigen Leben« dagegen primär erotischer Blickfang gewesen zu sein.

Ein weiteres Beispiel für die sexuelle Symbolik der Kleidung sind die mittelalterlichen Schnabelschuhe, die nicht nur extrem lang, sondern zuweilen auch direkt als Phallus gestaltet waren. Bei Landsknechten beliebt war die »Schamkapsel«, welche, tüchtig wattiert und grell gefärbt, bei extrem engen Hosen und ebenso kurzen Jacken das männliche Geschlechtsorgan überdeutlich hervorhob.[7] Subtilere Symbolismen katalogisierte der psychoanalytische Pionier der psychologischen Kleiderforschung, J.C. Flügel.[8] Er rechnete nahezu jedes Kleidungsstück, vom Hut über die Krawatte bis zum Schuh, entweder zu den Phallus- oder zu den Vaginalsymbolen, manche, wie den Mantel oder den Schuh gar zu beiden.

Auch bei etwas gemäßigterer Deutung: Die schmückende Darstellung in all ihren Facetten scheint wohl das Hauptmotiv für die Entwicklung der Kleidung gewesen zu sein.

Mit der Kleidung wenden wir uns dabei an uns selbst und an andere. Kleidung spielt eine zentrale Rolle für unsere Identität ebenso wie bei unseren Beziehungen zu unseren Mitmenschen.

Schamkapsel um 1530

Kleidung und Identität

Der Mensch und sein Körper sind nicht ein und dasselbe. Der Mensch als reflexives Wesen hat die Fähigkeit, aus sich herauszugehen und sich selbst mit den Augen der anderen zu betrachten. Sein Körper spielt dabei für seine Identität eine eigentümliche Rolle. Einerseits ist er ihm sozusagen »mitgegeben«, er muß mit ihm leben, ganz gleich, wie er ausgefallen ist. Andererseits hat er gewisse Möglichkeiten, auf ihn einzuwirken, ihn zu gestalten. In dieser Gestaltung entwirft und vergegenwärtigt er sich für sich selbst und für andere.

Die Kleidung spielt dabei eine gewichtige Rolle: Sie dient als Erweiterung der Körpergrenzen, ähnlich wie das Werkzeug für den produzierenden Menschen eine Körpererweiterung darstellt. Sie ist dabei einerseits zum Körper gehörender Teil des Menschen, andererseits aber wesentlich manipulierbarer als der bloße Körper.

Mit der Kleidung wehrt sich der Mensch gegen seinen Körper, kompensiert dessen Mängel und stellt ihn schmückend zur Schau. Körper und Kleidung verschmelzen nicht nur in der Wahrnehmung des Betrachters, sondern auch für den Träger selbst. Im einfachsten Fall besteht die Körpererweiterung in der schlichten Vergrößerung des Körpers: Hohe Absätze, Schulterpolster vermitteln uns auch ein Gefühl von mehr Präsenz, mehr Sicherheit. »Wenn wir einen fremden Stoff oder Gegenstand in ein Verhältnis zu unserem Körper setzen, . . .so erweitert sich das Bewußtsein unserer Existenz in die äußere Grenze und Oberfläche dieses fremden Körpers, und daraus resultieren Gefühle – der Erweiterung unseres Ichs, der Aneignung einer gewissen Art und eines gestimmten Ausmaßes von Bewegung, die unseren natürlichen Organen fremd ist, eines ungewöhnlichen Grades an Stärke, Widerstandskraft oder Zielstrebigkeit in unserem Verhalten.«[9]

Kleidung formt nicht nur unser Aussehen, sondern auch unsere Haltung, unseren Gang, überhaupt unsere Bewegungsmöglichkeiten und damit oft auch unsere innere Haltung, unser Denken.

»Ich entdeckte, daß meine Bewegungen, die Art, wie ich ging, mich drehte, mich setzte, den Schritt beschleunigte, anders geworden waren«, beschreibt Umberto Eco in einem Aufsatz über »Das Lendendenken«[10] sein Befinden, nachdem er zum ersten Mal nach Jahren wieder in ein Paar (enge) Jeans geschlüpft ist. ». . .Ich lebte für meine Jeans und benahm mich infolgedessen wie einer, der Jeans anhat. Will sagen, ich nahm eine Haltung an. . . Normalerweise benehme ich mich recht ungehobelt, setze mich hin, wie's gerade kommt, lasse mich fallen, wo's mir gefällt. Die Jeans zwangen mich zur Kontrolle meiner Bewegungen, machten mich zivilisierter und reifer. . . Ein Kleidungsstück, das einem die Hoden einzwängt, läßt einen anders denken.«

In einer Krinoline benimmt man sich anders als in Bermudas, in Clogs anders als in Stöckelschuhen. Geisha-Schuhe, Talare, Korsetts, Krawatten, Stehkragen – sie alle geben eine Haltung vor, der sich der Träger kaum entziehen kann. Und meist nicht will. Wir suchen in der Regel die Kleidung, die unserer persönlichen Haltung oder unserer Rollen-Identität entspricht. Der rigide »Zugeknöpfte« heißt wohl nicht grundlos so, den unsicheren Juristen mag seine Robe davor schützen, sich unsicher oder gar würdelos zu benehmen.

Damit ist schon angedeutet, daß die Kleidung mehr ist als bloßes Korrektiv am unvollkommenen Körper. Wie alles, was der Mensch als *homo faber* produziert oder – heute fast häufiger – als Konsument für seine persönliche Sphäre auswählt – ob Möbel, Automobile, Nahrungsmittel, Freizeitgeräte etc. – ist auch die Kleidung Objektivierung und Ausdruck seiner Identität, und dies aufgrund der genannten Verschmelzungstendenz in ganz besonderem Maße. Die Kleidung ist die zweite Haut des Menschen. Sie erlaubt ihm, seine Identität zu formen, zu vergegenständlichen und zu präsentieren.

Der Mensch als soziales Wesen entwickelt seine Identität in der Kommunikation mit anderen. Selbst wenn er als Erwachsener ein gewisses Maß an personaler Identität erlangt hat, muß er diese doch immer wieder vortragen, behaupten und modifizieren. Seine Mitmenschen akzeptieren die vorgetragene Identität oder stellen sie in Frage. So ist die Identität und die sie vergegenständlichende äußere Erscheinung (über die jemand als ein . . . identifiziert wird) stets das Ergebnis eines fortwährenden Verhandlungsprozesses, ein Kompromiß zwischen eigenen und fremden Ansprüchen.

Insofern ist die äußere Erscheinung, das heißt wesentlich die Kleidung, eine bedeutsame Voraussetzung von Kommunikation. Denn die durch sie ermöglichte Identifizierung des anderen beeinflußt die Entscheidung, ob und, falls ja, wie man mit dem anderen in Beziehung treten kann.

DAVID HISCOCK

Kleidung – ein Kommunikationsmedium

Kleidung erleichtert uns nicht nur die Entscheidung, mit wem und wie wir kommunizieren, sie ist auch selbst ein Kommunikationsmedium. Denn durch sie teilen wir uns anderen mit; tun wir unsere Gruppenzugehörigkeit, unser Alter, Geschlecht, aber auch unsere Anschauungen und Stimmungen, unsere Vergangenheit und unsere Hoffnungen kund. Und die anderen empfangen unsere Botschaften und reagieren darauf. Das heißt, es existiert ein gemeinsamer Code, ein Bedeutungssystem der »Kleidersprache«.

Die Psychologen rechnen diese »Sprache« zur »nonverbalen Kommunikation«.

Zur nonverbalen Kommunikation zählt man unter anderem Gestik, Mimik, paralinguistische Ausdrucksformen wie Betonung, Lautstärke, Sprechtempo, Berührungssignale, interpersonale Distanz, aber eben auch die äußere Erscheinung eines Menschen, soweit sie von diesem manipulierbar ist.

Es gibt jedoch einige Merkmale, durch die sich das Kleidungsverhalten wesentlich von anderen Kommunikationsformen unterscheidet: Kleidung ist in der Regel ein statisches Medium. Das heißt, üblicherweise ziehen wir uns morgens an und laufen dann den ganzen Tag mit den gleichen Botschaften herum. Zumindest aber verändern wir nicht in ein und derselben Situation unsere Kleiderbotschaften. Wir sagen mit unserer Kleidung etwa: »Ich bin Amtsperson und damit nicht als Individuum ansprechbar *(Uniform)*, »Ich habe jetzt Freizeit und möchte etwas erleben« *(Situation)*, »Ich bin ein Angehöriger einer bestimmten Subkultur und werde mich also entsprechend verhalten« *(Gruppenstil)*, »Ich befolge die in dieser Situation geltenden Normen nicht« *(Nonkonformismus)*, »Ich gehe mit der Mode« bzw. »Die Mode interessiert mich überhaupt nicht« *(Mode)*.

Das sind Botschaften, die anders als etwa das gesprochene Wort, andauernd gesendet werden, nicht zurückgenommen oder relativiert werden. Widersprüchliche Kleiderbotschaften werden entsprechend meist nicht hintereinander, sondern simultan und andauernd gesendet. Ihre Auswahl und die Entscheidung, sie zu senden, findet dabei typischerweise lange vor dem »Senden« statt: beim Einkaufen oder eben morgens beim Anziehen.

Zwei Aspekte mildern diese »Trägheit« der Kleidersprache: Auch wenn man erstens immer dasselbe oder zumindest den gleichen Stil trägt, kann man die Kleidung doch zu symbolischen Gesten nutzen: Der während eines Streits demonstrativ angezogene Mantel, das Lüften des Hutes, das Ablegen des Jacketts und die Lockerung der Krawatte sind Beispiele dafür.

Zweitens kommunizieren wir selten auf nur einem »Kanal«. Wenn wir mit jemandem sprechen, geben wir stets auch nonverbale Signale von uns, die das Gesagte einbetten, bestätigen oder ihm widersprechen. Auch die Kleidung muß mit anderen Kommunikationskanälen konkurrieren: Der für manchen Bürger erschreckende Anblick eines Punks wird relativiert durch das Kinderstimmchen des jungen Mannes oder »seine ganz vernünftigen Ansichten«. Es liegt auf der Hand: Je mehr wir von einem Menschen wissen, je länger wir ihn kennen, desto weniger Gewicht haben die Kleiderbotschaften, die er uns mitteilt. Psychologische Untersuchungen haben diesen Effekt bestätigt. Allerdings werden die Kleiderbotschaften damit nicht völlig unwirksam: Die Brille zum Beispiel, die den Gesichtsausdruck eines Menschen charakteristisch verändert (siehe auch »Beispiel Accessoire«, S. 157ff.), wird dies auch nach längerer Bekanntschaft noch tun.

Aus diesem Umstand ergibt sich auch die große Bedeutung der Öffentlichkeit, der Straße, für Kleidung und Mode. Hier sind die Kontakte in aller Regel auf den Blick, auf das Taxieren der äußeren Erscheinung beschränkt. Hier hat die Kleidung das Sagen. Daß dies wirklich Kommunikation und nicht bloß von analysierwütigen Zeitgenossen interpretierbare Information ist, belegt die Tatsache, daß wir einerseits die anderen ständig nach Zeichen absuchen und diese »lesen«, andererseits uns selbst des Urteils der anderen bewußt sind. Dies mal ängstlicher, mal offensiver. Wir alle würden uns in bestimmter Kleidung niemals dem öffentlichen Urteil aussetzen. Einige wiederum sind peinlich darauf bedacht, daß ihre Kleidung bei den anderen auch tatsächlich die erhoffte anerkennende oder schockierende Reaktion hervorrufen wird.

In diesem Sinne ist die urbane Kleiderkommunikation Massenkommunikation. Wie bei den Massenmedien werden die Botschaften an einem anderen Ort und zu einer anderen Zeit produziert und dann öffentlich und an ein zahlreiches, heterogenes Publikum gerichtet. Anders als bei den Massenmedien ist hier die Kommunikation jedoch zumindest prinzipiell wechselseitig.

Die Öffentlichkeit ist der Ort der Kleidersprache. Auch wenn viele behaupten »Ich ziehe mich nur für mich an« oder »Dieses Kleid hab ich nur für dich angezogen«.

Das Auge ist das Organ der Kleidersprache. Auch wenn Stoffe wie Seide, Leder, Pelz oder der Schnitt der Kleidung dem Tastsinn schmeicheln (siehe »Die pure Hülle«, S. 57ff.).

Die Kommunikation mit Kleidung findet unter den und für die Augen der Öffentlichkeit statt.

Was teilen wir dabei den anderen mit, und wie gehen diese damit um?

Zunächst verkünden wir unsere individuelle Identität, unsere Einzigartigkeit, indem wir – was immer wir anhaben – uns konsistent auf eine bestimmte persönliche Weise kleiden. Der eine geht nie ohne sein Halstuch, der andere liebt bunte Farben und weite Schnitte, ein dritter geht, auch wenn er sich nicht unmodisch kleidet, stets ein wenig düster durch die Gegend. Der eine schnürt seine Krawatte eng um den Hals, der andere läßt sie eher locker baumeln. Eine zieht nur Hosen an, die andere Röcke, eine dritte wechselt bei jeder Gelegenheit. Eine liebt schwere Stoffe und gedeckte Farben, eine andere wiederum steht auf kleine Hütchen und große Broschen...

Einerseits machen wir uns damit unverwechselbar, stützen unsere persönliche Identität, andererseits bringen wir unsere Persönlichkeitsmerkmale, Anschauungen und Stimmungen zum Ausdruck. Mit unserem Kleidungsstil stellen wir uns dar als rebellisch oder konformistisch, als extravertiert oder in uns gekehrt, als streng und diszipliniert oder als lässiglocker.

Doch auch unsere Einzigartigkeit können wir stets nur im Rahmen einer Gruppe, der wir angehören, darstellen. Bei aller persönlichen Variation, wir sind immer auch Alternativer oder Vertreter, Werbemensch oder Arbeiter, Rocker oder Bankangestellter. Den jeweiligen Gruppennormen fühlen wir uns, gerade auch in unserer Erscheinung, mehr oder weniger verpflichtet, und man sieht uns das auch an.

Ebenso geben wir Informationen über unser Alter und unser Geschlecht sowie über unser Verhältnis dazu. Es bestehen auch heute noch relativ klare Vorstellungen darüber, wie sich bestimmte Altersgruppen, wie sich Männer oder Frauen kleiden sollen. Wir können unsere jeweilige biologische Position betonen oder vertuschen, uns durch Kleidung jünger oder älter, männlicher oder weiblicher machen.

Unser Rang wird in Organisationen wie Kirche oder Armee durch besondere Uniformen oder Rangabzeichen ausgedrückt. Subtilere Formen von Statusdemonstration sind die Verwendung teurer und seltener Materialien oder auch das Tragen von Markenkleidung.

Die Zurschaustellung von Reichtum ist damit zwar häufig, aber nicht notwendigerweise verbunden. Dem Zuhälter, der mit teurem Wagen, klunkerschwerer Rolex-Uhr und auffälliger Lederkleidung protzt, wird gleichwohl kein hoher Status zugebilligt.

Mit Uniformen oder vergleichbar eindeutigen Trachten werden Tätigkeiten oder Rollen signalisiert. Der Polizist in Dienstkleidung will von uns nicht als Individuum angesprochen werden, sondern als letztlich austauschbare Amtsperson, die »nur ihre Pflicht tut« und nicht jede unangenehme Amtshandlung persönlich rechtfertigen kann. Auch der Richter, der seine Robe überzieht und eventuell noch eine würdevolle Perücke aufsetzt, wird damit vom Individiuum zur Instanz.

Ganz gleich, was wir mit unserer Kleidung ausdrücken, sie ist nicht bloße Widerspiegelung unserer Identität, unserer Gruppenzugehörigkeit oder unseres Status. In unserem Äußeren stellen wir auch unsere Hoffnungen und unerfüllten Wünsche dar. Wir stellen uns reicher dar als wir sind, jünger, nonkonformistischer, als es unser Beruf zuläßt usw. Wir können uns mit Kleidung tarnen, wir können mit unserer Kleidung auch lügen. Man denke etwa an den Hauptmann von Köpenick, der mit Hilfe einer fremden Uniform auch in eine andere, für ihn bessere Identität schlüpfte.

Und er hatte ja auch Erfolg damit. Das heißt, die anderen nahmen ihn für das, was seine Uniform vorstellte. Sie empfingen die Kleiderbotschaft, interpretierten sie und verhielten sich entsprechend. Kleider machen Leute.

Wenn wir als Betrachter einen Menschen beurteilen, schließen wir, so sehr wir uns auch sträuben mögen, von der Kleidung auf den ganzen Menschen, also von einem sichtbaren Merkmal auf eine Reihe anderer, nicht sichtbarer Eigenheiten. Die Psychologen nennen dies einen »Halo-Effekt«. Wir halten einen Menschen aufgrund seiner Kleidung für reich, für intelligent, für unzuverlässig, für alternativ usw. Das bestätigen Alltagserfahrung, aber auch psychologische Untersuchungen.[11] Solche Vor-Urteile mögen falsch sein, wie etwa beim Hauptmann von Köpenick, sie mögen pauschal sein und undifferenziert, aber in der Regel ist ein Mann mit einem Posthorn auf seiner blauen Uniform tatsächlich ein Briefträger. Der Mann mit der »intellektuellen Brille« bekommt vielleicht nicht immer die Chance, sich doch noch als dumm zu erweisen. Aber ohne solche schnellen Klassifikationen könnten wir die vielen Informationen, die Tag für Tag auf uns einstürmen, gar nicht bewältigen.

Und wir richten uns auch nach diesen Stereotypen: So gingen bei einem Experiment[12] Leute eher bei Rot über die Straße, wenn es ihnen ein gut gekleideter (hohen Status signalisierender) Mensch vormachte, als wenn ein weniger feiner Herr vor ihnen die Norm durchbrach. Eine andere Untersuchung belegt, daß wir die Leute mehr mögen, mit deren Kleidung wir die Eigenschaften assoziieren, die unserem eigenen Idealbild entsprechen.[13]

Kleidung ist mehr als eine Schutzhülle um unseren Körper. Sie ist Teil und Ausdruck unserer Identität. Über sie teilen wir uns anderen mit, über sie nehmen wir andere wahr.

»Jemandem etwas geben heißt soviel, wie jemandem etwas von sich selbst geben... etwas von jemandem annehmen heißt, etwas von seinem geistigen Wesen annehmen, von seiner Seele.«

Marcel Mauss

Geschenkt!

Geschenke verpflichten. »Gib so viel du empfängst, und alles wird zum besten stehen«, lautet ein Maori-Sprichwort. Wozu verpflichtet geschenkte Kleidung? Zunächst einmal zum Anziehen. Jeder kennt den alten Witz von der Schwiegermutter, die der Schwiegertochter zwei Pullover schenkt, und wenn diese dann den grünen anhat, sich beklagt, daß ihr der beige wohl nicht gefalle.

Wenn Kleidung Ausdruck unserer Identität ist, wenn wir uns durch die persönliche Gestaltung unserer zweiten Haut so darstellen, wie wir gesehen werden wollen, dann pfuscht uns der großzügige Geber in eben diese »Eigenkomposition« hinein. Hier ein »todschicker Schal«, da ein »entzückendes Röckchen«, und erst die Bluse, »zieh' das doch gleich mal an, paßt dir wie angegossen«... Wie begossen steht man da und ist froh, wenn man's wieder ausziehen darf. Aber wegwerfen oder weiterschenken geht natürlich auch nicht. Also ab in den Schrank damit, unterste Schublade.

Kleidergeschenke sind eine heikle Angelegenheit, Danaergeschenke zumeist. Wir alle leiden darunter. Und zwar von klein auf. Als Kinder haben wir zunächst überhaupt keine große Lust an Kleidung, der nackte Körper ist uns angenehmer. Und schon kriegen wir ungefragt die ersten Hüllen übergestülpt. Wenn wir die dann – eigentlich ständig – schief tragen oder nicht richtig ineinanderstopfen, geht das Gezupfe los, das Glattstriegeln und Nachknöpfen, das Hochziehen und Zuschnüren. Bis wir das alles endlich selbst können.

Irgendwann entwickeln wir unseren eigenen Kleidergeschmack, Vorlieben für bestimmte Farben, ein oder zwei bestimmte Kleidungsstücke. Aber alles im Rahmen von Mamas Vorauswahl. Die überwältigende Mehrheit der Kinder wird von der Mutter ausstaffiert. So selbstverständlich das klingt, es hat Folgen. Jungen wie Mädchen bekommen ihre äußere Erscheinung von einer Frau gestaltet. Das heißt, auch die Jungen sehen sich im Spiegel sozusagen »durch die Brille einer Frau«, das heißt, so wie ihre Mutter sie gerne sehen möchte. Amerikanische Forscher haben daraus Probleme für die Geschlechtsrollenidentität der Männer abgeleitet, ja sogar Zusammenhänge zu späterer Homosexualität hergestellt. Wie dem auch sei, es kommt zumindest nicht selten vor, daß Männer bis ins rüstigste Mannesalter von ihren Müttern eingekleidet werden – wenn diese Aufgabe nicht mittlerweile die Ehefrau übernommen hat.

Alle Menschen jedenfalls, die ihre Kinder einkleiden, projizieren damit ihre eigenen Vorstellungen, Wünsche, Forderungen in sie hinein, und die Kinder haben in entscheidenden Phasen ihrer Entwicklung relativ wenig Chancen, diesem Einfluß auf ihre Identitätsentwicklung zu entkommen. In der Pubertät beginnen dann meist die Kämpfe: Die Kleidungsnormen der Gleichaltrigen treffen auf die der Eltern, und der Jugendliche, der es zunächst beiden recht machen will, entscheidet sich natürlich für die Clique bzw. seinen persönlichen Stil.

Die Eltern haben das Nachsehen, versuchen aber später wieder mit gutgemeinten Kleidergeschenken zumindest Enklaven verlorenen Terrains zurückzuerobern. Solche Geschenke sind in der Regel versteckte Aufforderungen, zur elterlichen Norm zurückzukehren. Natürlich projizieren sich die Eltern dabei auch häufig selbst in die Kinder hinein: Die Kinder sollen sich so kleiden, wie man gern selbst herumliefe, wenn man noch jung wäre.

Die tragischste Konstellation aber ergibt sich, wenn der Geber es besonders gut meint. Wenn die Mutter etwas einkauft, »was sich der Bub ganz gewiß auch selbst gekauft hätte«. So eine schwarze Lederjacke wollte er ja schon immer gerne haben. Also ins Kaufhaus und das jugendlichste Stück ausgesucht und zuhause freudestrahlend zum Geburtstag präsentiert. Der Bub bricht (zumindest innerlich) zusammen, mit diesem »Altväterblouson« lachen ihn seine Freunde in Grund und Boden. Wenn er sein Entsetzen kundtut, bricht die Mutter zusammen: Jetzt hatte sie einmal das gekauft, was er wollte... Wenn er vor lauter Rührung über die gute Absicht sein Entsetzen für sich behält und ihr die Freude macht, sich über die tolle Jacke zu freuen, geht's ihm auch nicht besser: Jetzt muß er sie auch anziehen, und wenn's nur bis zur nächsten Straßenecke ist.

Aber solche Aufforderungen zur Identitätsmanipulation kommen nicht nur von Müttern – und sie sind auch nicht immer zum Schaden des Beschenkten. Wenn etwa eine Ehefrau – dies noch in der bekannten Tradition – ihren Gatten aus dem krawattierten Einheitsgrau in etwas Salopperes hineinbringt, hat das durchaus auch seine positiven Seiten. Daß so etwas nicht nur äußerliche Wirkung hat, belegt die in den USA durchaus verbreitete Modetherapie. Dabei geht man von der Erfahrung aus, daß gewisse psychische Probleme und Krankheiten auch mit einer starken Vernachlässigung der äußeren Erscheinung einhergehen, welche umgekehrt wieder einen negativen Einfluß auf das Selbstbild der Patienten hat. Speziell geschulte Modetherapeuten ergänzen nun die traditionelle Behandlung durch systematisches »Aufmöbeln« der äußeren Erscheinung und erzielen über das damit erreichte positivere Selbstbild der Patienten erstaunliche Erfolge.

Und es gibt auch Menschen, die den Geschmack des Beschenkten tatsächlich genau treffen, die sozusagen ein passendes Steinchen für das Mosaik seiner Selbstdarstellung beisteuern. Das ist selten und setzt eine recht intime Kenntnis des Beschenkten voraus. Der Geber muß sich im wahrsten Sinne des Wortes in den Empfänger hineinversetzen können, um herauszufinden, was zu ihm paßt. Dazu muß er in der Regel demselben Milieu und derselben Altersstufe angehören und darüber hinaus noch eine enge persönliche Beziehung zu ihm haben.

Für »beste Freundinnen« im Teenie-Alter trifft das alles zu. Es ist kein Wunder, daß hier ein reger Austausch an Kleidung stattfindet, nicht nur ein einseitiges Schenken. Hier dient der Austausch gerade auch der »Lieblingskleidung« der Betonung der gemeinsamen Identität und der Festigung der Beziehung. Ein Herz und eine Seele, ein Pulli und eine Hose...

Das kennt man auch von Liebesbeziehungen. In einer romantisch verregneten Nacht überläßt er ihr seinen Trench, um ihn dann erst einmal nicht wiederzubekommen. Sie behält ihn, weil er ihr so gut steht, und weil er an den »Beginn dieser wunderbaren Freundschaft« erinnert. Doch wehe, wenn die Freundschaft endet: Der treue Mantel wird demonstrativ vor des Leihgebers Füße geschleudert, mit der Post zurückgeschickt oder gar verbrannt...

Gruppenbild mit Kleidern: Vorschriften und Vorlieben

Von der Stammestracht zum Gruppenstil

Montag früh, Frankfurter Flughafen. Der Check-in zum ersten Flug nach Berlin ist gerade beendet. Im Warteraum sitzen zirka 120 trotz der frühen Morgenstunde betriebsame Herren. Da wird in Akten geblättert, ins Mini- Diktaphon gesprochen oder gespannt der Wirtschaftsteil der Zeitung studiert. Als die Herren sich auf das Einsteige-Kommando hin von ihren Sitzen erheben, fällt auf, daß sie nicht nur zum Verwechseln ähnliche Aktenkoffer – die mit dem Zahlenschloß und dem Fach für die Eine-Nacht-Ausrüstung – mit sich führen, sondern auch gekleidet sind, als würden sie alle beim selben Herrenausstatter einkaufen: Zeitloser Anzug in gedeckten Farben, Krawatte, Hemden weiß oder uni.

Szenenwechsel: Samstag nachmittag. Das Bundesliga-Spiel ist zu Ende, das Publikum strömt zu den Parkplätzen und Haltestellen. Abgesehen von den bunten Vereinsfahnen, die in Siegerlaune geschwungen werden, dominiert eine Farbe: Jeans-Blau.

Die Fans stecken in ihrer Lieblingskluft: enge Jeans, Jeans-Jacke verziert mit Nieten und flotten Sprüchen, Tennis- oder Joggingschuhe (eine von zwei möglichen Marken).

Wie sich die Bilder gleichen. Obwohl wir es mit völlig verschiedenen Situationen und mit Menschen ganz unterschiedlicher sozialer Herkunft zu tun haben. Beide Male befolgen die Individuen bestimmte Kleiderordnungen und bilden eine Gruppe uniform Gekleideter.

Solche Einheitstrachten findet man schon bei Naturvölkern. So gestalten Angehörige von Stammeskulturen ihre Körper recht uniform: Haartracht, Schmuck, Körperbemalung und Bekleidung, ja häufig auch Gestik, Mimik und Körperhaltung unterscheiden sich von den Gestaltungen anderer Stämme.

Der »natürliche« Körper wird zum »sozialen« Körper, welcher immer auch eine bestimmte Gesellschaftsauffassung, nämlich die des jeweiligen Stammes zum Ausdruck bringt.

Das Tragen gleicher oder ähnlicher Kleidung in solchen Stammeskulturen stärkt einerseits den inneren *Zusammenhalt* der Gruppe und dient andererseits der *Abgrenzung* gegenüber anderen Stämmen. Der Träger der Tracht gibt durch sie sowohl den Stammesgenossen als auch Fremden gegenüber, seine Gruppenzugehörigkeit zu erkennen. Neben den praktischen Vorteilen, die das mit sich bringt, erfüllt die Stammestracht für den einzelnen noch eine wichtige psychische Funktion: Die Gruppenidentität, die damit hergestellt ist, gibt ihm »die Sicherheit, bei seinem Handeln nicht allein zu stehen«.[1]

Auch darüber hinaus hat das Tragen von Stammestrachten entlastende Funktion: Es befreit »das Individuum von der Qual der Wahl und läßt es schlechthin als ein Geschöpf der Gruppe, als ein Gefäß sozialer Inhalte erscheinen«.[2]

Stammestrachten sind der Mode kaum unterworfen. Erst wenn sich die Struktur der Gesellschaft ändert, also neue Über- und Unterordnungsverhältnisse entstehen, wird sich dies auch »modisch« niederschlagen, und zwar aufgrund des Bedürfnisses, die hierarchischen Unterschiede auch äußerlich auszudrücken. Das mittelalterliche Ständesystem etwa kannte strenge Kleiderordnungen, die vorschrieben, wie sich die Mitglieder einzelner Berufsgruppen zu kleiden hatten. Da die Gilden auf verschiedenen sozialen Stufen angesiedelt waren, gab die Kleidung sowohl über die berufliche Funktion als auch den gesellschaftlichen Rang des Trägers Auskunft.

Das Bürgertum in den Handelsmetropolen hatte seit dem 13. Jahrhundert großen Reichtum angehäuft, der sich nicht zuletzt im Luxus der Kleidung zeigte. Die neue selbstbewußte Bourgeoisie trat auch auf modischem Gebiet in heftigen Wettstreit mit dem alten Feudaladel. Das festgefügte Ständesystem drohte allmählich zu zerfallen, und der Adel mußte diesem Prozeß entgegenwirken, um seine angestammten Privilegien zu retten.

Eine Reaktion war die verbindliche Fixierung äußerlicher Standes- und Rangunterschiede. So entstand zwischen dem 13. und dem 16. Jahrhundert

Standestracht: Schneidermeister um 1570

eine Fülle von sogenannten Luxusgesetzen. Sie regelten den maximal erlaubten Wert von Schmuckstücken, ebenso wie die Art, sie zu tragen. Kostbare Stoffe wie Atlas, Samt oder Goldbrokat waren den niedrigen Ständen verboten. Elemente der Kleidung wie die Schleppe, deren Länge auf den Zentimeter genau den Rang der Trägerin anzeigten, waren ebenfalls reglementiert. Auf der Piazza Grande in Modena zeigte eine eingelassene Steinplatte bereits 1327 die maximal tolerierten Maße an. In Venedig wurde sogar eigens ein politisches Organ, der Magistrato alle Pompe, geschaffen, das Luxus-Verordnungen erließ und deren Einhaltung überwachte.

Die immer schärfer werdende modische Konkurrenz zwischen Aristokratie und Groß-Bürgertum ließ sich jedoch durch gesetzgeberische Akte nicht mehr bremsen. Die Prunksucht begann im Gegenteil erst richtig Stil-Blüten zu treiben. Die ökonomisch erfolgreichen Handelsherren übernahmen ihrerseits fürstliche Allüren, der Adel wiederum versuchte, sich von dem abzusetzen, was man naserümpfend als bürgerlich-vulgär einstufte. So entstanden etwa am französischen Hofe jene pompösen Renommier-Moden, die wegen der verwendeten kostbaren Materialien und der kunstvollen Handarbeit sehr luxuriös wirkten. Hohe Perücken, breite Schulterstücke und Stöckelschuhe unterstützten das gockelhafte Imponiergehabe der Kavaliere.

Bis ins 18. Jahrhundert hinein haftete der Mode ein gehöriger Hauch von Exklusivität und Luxus an und war damit ausschließlich den wohlhabenden Kreisen vorbehalten. Auch als das Feudalsystem endgültig überwunden ist, zeichnet sich keineswegs die Demokratisierung der Mode ab. Mode dient auch fortan als Mittel der Klassendifferenzierung: »So geschieht es seltsamerweise, daß das Bürgertum... ausgerechnet in dem Augenblick als radikaler Nachahmer der alten Aristokratie auftritt, als diese definitiv entthront ist.«[3]

Das gehobene Bürgertum achtet strikt darauf, sich von den Volksmassen zu unterscheiden. Diese Abhebung geschieht nun nicht durch übertrieben prunkvolle und elegante Kleidung – insofern kann man also nicht von »Nachahmung« der alten Aristokratie reden. Im Gegenteil: Die bürgerliche Kleidung ist unauffällig und schlicht. Der gedeckte Anzug des Bourgeois

spiegelt planende Vernunft, Korrektheit und Ordnung wider, jene bürgerlichen Werte, die zentral für die protestantische Ethik stehen.

Nun sicherte der schlichte Bürgersrock nicht nur Distinktion gegenüber dem Kleinbürgertum und dem urbanen Industrieproletariat, sondern diente auch – trotz oder gerade wegen seiner Einfachheit – der Differenzierung innerhalb der eigenen Klasse. Das Bürgertum umfaßte ja die unterschiedlichsten »Subkulturen« – Händler und Intellektuelle, Angestellte und Unternehmer. Mit der Verinnerlichung der Kleidernormen – der »gute Ton« mußte eben nicht ausdrücklich kodifiziert werden – wurden auch die Zeichen der Distinktion immer subtiler und waren für den Außenstehenden immer schwerer zu entschlüsseln. Hatte in der Mitte des 18. Jahrhunderts der Körper noch als »Abzeichen« gedient und unmittelbare Hinweise auf die gesellschaftliche Stellung des einzelnen geliefert, wurden die »Körperbilder« nach 1850 einförmig und neutral. Die Entschlüsselung der dahinter steckenden Persönlichkeit wurde immer schwieriger. So ist es kein Zufall, daß in diese Zeit auch die Entstehung einer neuen Wissenschaft und einer neuen Literaturgattung fällt: Die

Ethologie, die sich damals noch als Charakterlehre aufgrund von äußeren Erscheinungsformen verstand, und der Detektivroman, etwa Arthur Canon Doyles »Sherlock Holmes« - Romane, haben auf je eigene Weise die Ergründung von Persönlichkeiten oder Sachverhalten zum Inhalt.

Die bürgerliche Distinktion bezieht sich nicht nur auf die Kleidung, sondern prägt den gesamten Lebensstil, betrifft die Objekte, mit denen man sich umgibt, bestimmt das Handeln. Schon ein geringer Verstoß gegen die Regeln des »guten Tons« entlarvt den bemühten Eindringling aus unteren Schichten.

Der französische Soziologe Pierre Bourdieu hat die Bildung und Wirkung des auf Distinktion angelegten bürgerlichen Geschmacks eingehend beschrieben. In seiner Studie »Die feinen Unterschiede« hat er nachgezeichnet, wie sich aufgrund der sozio-ökonomischen Lebensbedingungen und damit der Klassenzugehörigkeit[5] auf dem Wege über die Geschmacksbildung bestimmte Lebensstile von gesellschaftlichen Gruppen ausbilden. Vermittelt durch »Status-Vererbung«, aber auch durch eine hochqualifizierte Ausbildung erlangen die Mitglieder der Bourgeoisie eine besondere »kulturelle Kompetenz«, die sich auch in der Bildung eines auf Distinktion angelegten Geschmacks niederschlägt. Dieser hebt sich vom »kleinbürgerlichen Geschmack«, der durch den Versuch bestimmt ist, Anschluß »nach oben« zu halten, und noch deutlicher vom »Not - Geschmack« der Unterschicht ab, welcher von Funktionalitäts- und Sauberkeits-Denken dominiert ist.

Der Geschmack der alten Bourgeoisie dokumentiert sich zum Beispiel in schlichter und doch eleganter Kleidung, die im Detail Stilsicherheit verrät und auf jede Extravaganz verzichten kann. »Die Herrschenden, die nur zu sein brauchen was sie sind, zeichnen sich durch die hartnäckige Ablehnung auffälliger Auszeichnungsstrategien aus.«[6] Die gesellschaftlichen Aufsteiger aber retten sich in übertriebene Konformität oder begehen Stilunsicherheiten, die ihren »populären« Geschmack verraten.[7]

Wesentliche Veränderungen sozialer wie auch technologischer Art brachte das industrielle Zeitalter mit sich. Aufgrund einer immer tiefergehenden Trennung zwischen Arbeit und Freizeit, zwischen öffentlichem und privatem Leben vervielfachten sich auch die sozialen Rollen, die der einzelne auszufüllen hatte. Folgerichtig wurden den verschiedenen Lebensbereichen – zunächst allerdings nur im gehobenen Bürgertum – unterschiedliche Kleidungsstile zugeordnet: Anlässe oder Tageszeiten bestimmten die Wahl der Kleidung. Spezielle Kleidung für den häuslichen Bereich und für sportliche Aktivitäten entstanden ebenso wie dezente Nachmittags- und repräsentative Abendgarderoben.

Die technische Entwicklung machte es möglich, daß zwischen 1890 und 1910 die Serienproduktion von Kleidung starten und zur Blüte gelangen konnte. Zum einen war nun ein schneller Wechsel der Moden auch technisch realisierbar, zum anderen konnten aufgrund der neuen, weit rentableren Produktionsweisen erstmals breiteste Bevölkerungsschichten an der Mode teilhaben. Die Weichen für die Massen-Mode waren gestellt.

Massen-Mode eröffnete die Demokratisierung und Internationalisierung des modischen Konsums. Erst aufgrund ihrer massenhaften Produktion und Distribution konnte Mode zu einem einflußreichen Teil populärer Kultur werden.

Daraus, daß Kleidung heute nicht mehr als handgefertigtes Unikat, sondern als Serienprodukt angeboten wird, folgt nun keineswegs, daß unsere Straßen notwendigerweise von einer uniformierten grauen Masse bevölkert sind. Sicher, es gibt Kleider-Konventionen, die zur Uniformität führen können, wie es die Impressionen zu Beginn des Kapitels schilderten. Aber die Kleiderordnung der Geschäftswelt ist auch dann noch intakt, wenn sich zwischen den Herren im grauen und blauen Flanell einer bewegt, der zum breitschultrigen Sakko ein Hemd mit »Junge-Wilde«-Muster trägt. Vermutlich ein »Kreativer«, der darf sich das leisten.

Auch eine auf den ersten Blick so uniforme Mode wie die der Jeans läßt einen großen Spielraum an Modifikationen zu. Es muß nicht immer »Lee« oder »Wrangler« sein. Die Herbstsaison 1986 hat neben vielen Formen und Farben sogar eine neue Denim-Art, genannt »Schnee«, hervorgebracht, welche aus einem blauen und einem weißen Faden gewebt, eben jenen Schneeflocken-Effekt ergibt.

Selbst politisch verordnete und ideologisch gestützte Uniformität, wie der blaue »Mao-Anzug«, der nach der chinesischen Kulturrevolution zunächst das Straßenbild bestimmte, konnte sich nicht auf Dauer als

Einheitskleidung halten. Die »blaue Masse« ist heute stark von westlich inspirierter, farbenfroher Kleidung durchmischt.

In unseren pluralistischen westlichen Gesellschaften spielen Kleidung und überhaupt das Äußere für die Selbst-Darstellung eine zentrale Rolle. Man ist ständig gezwungen, gerade auch mit Fremden zu interagieren und kommt dabei ohne die Kleider-Sprache nicht aus. Verinnerlichte Kleidernormen und die Angebote der Massen-Mode können dabei Orientierungshilfen geben. Ob Kleiderordnungen befolgt werden oder nicht, hängt zunächst einmal von der *sozialen Gruppe* ab, der der einzelne angehört. Darüber hinaus wirken je nach *Situation* verschieden starke Zwänge, sich konform zu verhalten. Der junge Bankkaufmann beispielsweise würde seinen Schalterdienst niemals ohne Krawatte tun, das Theater besucht er aber schon mal in Jeans.

Die Massen-Mode ermöglicht es, daß man tragen kann, was viele tragen, und sich damit »hinter« der Kleidung verstecken kann – eine beliebte Strategie des modernen Großstadtmenschen, der einem Zuviel an Kommunikation ausweichen will. Kleiderordnung und Massen-Mode haben so entlastende Wirkung für den einzelnen: Sie befreien ihn von der Qual der Wahl. Wie man sich gegenüber der Massen-Mode verhält, ob man Kleiderordnungen befolgt und wie man sie ausführt, hängt wesentlich von der jeweiligen Gruppenzugehörigkeit ab. Wie es überhaupt der Gruppenstil ist, der – bei aller möglichen individuellen Abweichung – die Präsentation des einzelnen bestimmt.

Gruppenstile werden von Subkulturen entwickelt als Ausdruck der besonderen sozialen Situation, in der sich die Gruppe befindet. Aufgrund der Verankerung in einer spezifischen Tradition sind Gruppenstile immer recht langlebig. Stil ist aber nicht nur der Spiegel einer Subkultur, sondern auch der Kitt, der sie zusammenhält, finden doch im Gruppenstil die zentralen Werte der Gruppe ihren Ausdruck. So steht der dezente Anzug

des »Konservativen« für Traditionsbewußtsein, Repräsentation und bürgerliches Selbstverständnis; die Kittelschürze der »Kleinbürgerin« symbolisiert die Werte der Sauberkeit, Ordnung und Zweckmäßigkeit.

Die Affinität zu einem Gruppenstil ist weniger durch die Einkommensverhältnisse oder die berufliche Qualifikation des einzelnen vorgegeben, sondern durch ein Bündel typischer Wertorientierungen vorbestimmt. Ähnliche Lebensziele und -perspektiven, vergleichbare Einstellungen gegenüber Arbeit, Freizeit und Konsum, hinsichtlich Partnerschaft und Familie führen zu korrespondierenden alltagsästhetischen Vorstellungen: Aufgrund einer gemeinsamen Lebensauffassung bildet sich ein gemeinsamer Stil aus.

Das in der Sozialforschung lange Zeit gängige Schichten-Modell kann der Vielfalt und besonderen Charakteristik der Subkulturen in der Gesellschaft heute nicht mehr gerecht werden. Ein Modell wie das *»Konzept der sozialen Milieus«*siehe »Die Lebensstile der sozialen Milieus,« S. 42f.) ist wesentlich besser geeignet, die gesellschaftliche Realität abzubilden. Es erfaßt »Gruppen Gleichgesinnter«, die einen gemeinsamen Gruppenstil hervorgebracht haben und diesen täglich in Szene setzen. Die beobachtbaren Stilisierungshandlungen der Angehörigen der sozialen Milieus, also auch die Art und Weise sich zu kleiden, der bevorzugte Kleidungsstil, basieren auf den jeweiligen milieutypischen Einstellungen zu Kleidung und Mode.[8]

Die Einstellung zu Kleidung und Mode werden im *»konservativen gehobenen Milieu«* vom Wunsch beherrscht, die »feinen Unterschiede« nicht zu verwischen. Ganz in der Tradition bürgerlicher Distinktionsbestrebungen wird der persönliche Stellenwert von Kleidung einerseits heruntergespielt – die Beschäftigung mit der Mode überläßt man anderen –, andererseits ist man aber darauf bedacht, guten Geschmack und Stilsicherheit auch durch die Auswahl und Kombination der Garderobe zu beweisen. Auf diesem Hintergrund wird verständlich, daß Massen-Mode kategorisch abgelehnt wird: Sie ist in der Regel zu wenig dezent und kann wegen ihrer großen Verbreitung nicht als Mittel der Distinktion eingesetzt werden. Statt dessen machen den typisch konservativen Kleidungsstil zeitlose, »klassische Stücke« aus, die auf den ersten Blick unauffällig, auf den zweiten jedoch ihre hohe Qualität und teure Machart offenbaren.

Typische Kleidungsstücke, die zur Garderobe dieses Milieus gehören, sind etwa das klassische Chanel-Kostüm oder der Lodenmantel.

Unauffälligkeit ist auch die Devise des »*kleinbürgerlichen Milieus*«. Sie äußert sich hier jedoch nicht in vornehmer Zurückhaltung, sondern in bemühter Anpassung an den Geschmack der großen Mehrheit. Indem man mit dem modischen Mainstream mitschwimmt, entgeht man der Gefahr, zu ausgefallen oder veraltet angezogen zu sein. Neben dem Aspekt des Zurückhaltend-Gediegenen bestimmt den typisch kleinbürgerlichen Kleidungsstil die Orientierung an Zweckmäßigkeitserwägungen. Kleidung soll einen gewissen Gebrauchswert haben, strapazierfähig, zweckmäßig und langlebig sein. Ein Beispiel für den Stil dieses Milieus ist das Hemdblusenkleid, das Dezenz mit Zweckmäßigkeit verbindet und eine – im herkömmlichen Sinne – gepflegt feminine Anmutung hervorruft.

Konservative und Kleinbürger gleichen sich darin, daß sie Kleiderordnungen besonders strikt befolgen.[9] Sie tun dies allerdings so kann man vermuten, aus unterschiedlichen Gründen. Während im kleinbürgerlichen Milieu der Anpassungsdruck die Unterordnung unter Kleidernormen verlangt, gelten Kleiderordnungen den Konservativen als begrüßenswerte Relikte, die die Standards gehobenen Geschmacks am Leben erhalten.

Noch stärker als im kleinbürgerlichen Milieu wird im »*traditionellen Arbeitermilieu*« Kleidung als Gebrauchsgegenstand verstanden. Kleidung muß nicht schön, sondern in erster Linie praktisch und zweckmäßig, d.h. auch zu vielen Gelegenheiten tragbar sein.[10] In diesem Milieu werden keine modischen Ambitionen verfolgt, das Thema Kleidung steht ohnehin ziemlich im Hintergrund. Großen Wert gelegt wird jedoch auf die Reinlichkeit der äußeren Erscheinung: Kleidung soll stets sauber und ordentlich wirken und, um dies gewährleisten zu können, pflegeleicht sein. Typisch für diesen »praktischen« Stil ist die Alltagskluft der männlichen Angehörigen dieses Milieus: Flanellhemd, Strickweste oder Kunstlederjacke, Breitcordhose mit Aufschlägen und Bügelfalte.

Im »*traditionslosen Arbeitermilieu*« gilt modische Kleidung als Zeichen dafür, daß man mit den Standards gehobener Milieus mithalten kann. Der Wunsch, immer mit der aktuellen Mode zu gehen, kann zur unkritischen Übernahme jedes beliebigen neuen Trends führen. Zugleich sind diesem spontanen Konsumstil wegen der beschränkten finanziellen Mittel enge Grenzen gesteckt: So greift man zu Mode-Waren in ihrer Billigstversion. Die poppigen Fließband-Produkte, die die glitzernden Jeans-Paläste feilbieten, bilden einen Hauptbestandteil des Kleiderfundus dieser Gruppe, zum Beispiel Jogginganzüge mit auffallenden Aufdrucken oder modisch veredelte Jeansanzüge.

Das Motto »Kleider machen Leute« wird im *»aufstiegsorientierten Milieu«* besonders beherzigt. Die Möglichkeiten der Kleidung werden genutzt, um Wirkung zu erzielen und die erreichte soziale Position zu demonstrieren. Aufgrund eigener Stilunsicherheit entwickelt man einen konformistischen Stil, der an den elaborierten Stilen der gehobenen Milieus orientiert ist. Aufsteiger lehnen einerseits Massen-Moden ab, weil sie nicht zur Statusdemonstration taugen, verschließen sich andererseits aber auch avantgardistischen Tendenzen, weil diese noch nicht verbindlich »abgesegnet« sind. Statt dessen schmücken sie sich mit renommierten Marken-Produkten, die die Funktion von Statussymbolen erfüllen können. Das Kleidungsverhalten der Aufsteiger ist geprägt durch einen »geliehenen« Stil, der zuweilen durch übergroßen Perfektionismus auf die Spitze getrieben wird. Der »BOSS«-Anzug aus der neuesten Kollektion, sorgfältig kombiniert, wirkt korrekt und zeitgemäß zugleich. Und die Marke läßt erkennen, daß man teuer und in Grenzen exklusiv gekauft hat.

Im *»technokratisch-liberalen Milieu«* herrscht ein starkes Bedürfnis nach Selbstdarstellung. Die Demonstration des Erreichten spielt dabei nicht die Hauptrolle, sondern der ästhetische Spaß am Umgang mit ungewöhnlichen Objekten. So sind die Mitglieder dieses Milieus selbst avantgardistischen Strömungen gegenüber aufgeschlossen, ja sie bilden geradezu die Gruppe der Trend-Scouts und Trend-Setter. Der avantgardistische Anspruch kann zum Bruch mit den herkömmlichen Normen und zur Absage an jede Art von Mode-Abhängigkeit führen. Statt dessen wird ein Stil angestrebt, der Individualität und Nonkonformismus ausstrahlt und unbedingte Kennerschaft verrät. Die Kleidung besteht auch aus exklusiven Einzelstücken, die auf eigenwillige Weise kombiniert werden (Material- und Stil-Mix), so daß ein Stil entsteht, der einmal individuell und souverän ist und zugleich eine extravagante Komponente hat.

Sind die stilistischen Inszenierungen der Technokraten noch vom distinguierten Geschmack gezügelt, wird im *»hedonistischen Milieu«* die unbedingte Originalität zum leitenden Prinzip. Das Bedürfnis nach Unverwechselbarkeit mündet in oft kunterbunte Mixturen der Monturen. Bewußt inszenierte Stilbrüche beweisen, daß »alles geht«. Anders aussehen zu wollen als die Masse, beinhaltet natürlich auch eine fast schon militante Absage an die Massen-Mode. Ihr entgegengesetzt werden Kreativität und Experimentierfreude. Typisch für dieses Milieu sind die *Gruppenstile der jugendlichen Subkulturen* (siehe »Jugend-Stile«, S. 126ff.), z.B. Punk New Wave, Fun, deren besondere Wirkung auf Tabuverletzungen und starken Reizen bzw. der Verfremdung nostalgischer (50er Jahre-)Elemente beruht. Gute Beispiele für den poppig-nostalgischen Stil ist der breitschultrige New Wave-Zweireiher, der – aus zweiter Hand erstanden – zunächst als ironisches Zitat benutzt wurde, für den grell-provokativen Stil kurzer Lederrock und Netzstrümpfe.

Auch im *»alternativen Milieu«* gilt Kleidung als Mittel, Individualität auszudrücken. Maskerade jeder Art ist dabei verpönt, man soll sich ganz so geben wie man ist. Der Gruppenstil der Alternativen ist geprägt von einer stilisierten Antibürgerlichkeit, die sich in einem bewußt nachlässigen Erscheinungsbild und der Absage gegen »Konsumterror« jeder Art äußert. Dem Mode-Konsum entgegengestellt wird eine Do-it-yourself-Kleidung, die aus natürlichen Materialien gefertigt ist und auf modische Anleihen verzichtet. Den typischen Kleidungsstil dieses Milieus bestimmen der grobe Schafwoll-Pullover, der lange Folklorerock und die Kombination Jeans und Sweatshirt. Zwar hat der alternative Gruppenstil eine stark »antimodische« Ausprägung, dennoch haben sich Werte wie die des Echten und Natürlichen auch in der aktuellen Mode niedergeschlagen. Die Bevorzugung von Naturmaterialien, die Wiederkehr der langen Haare oder einfach geschnittene und farbenfrohe Folkloremode (Hippie-Renaissance, Psychedelic-Mode) sind Beispiele dafür.

Stammestrachten, ständische Kleidung, der schlichte Bürgersrock und die vielfältigen Gruppenstile der Jetztzeit haben jeweils eine Doppelfunktion, nämlich Abgrenzung nach außen und inneren Zusammenhalt zu signalisieren. Galten die Ausprägungen von Stammestrachten noch als

»naturgegeben«, waren die verwendeten Zeichen noch eindeutig und in ihrer Zahl überschaubar, so stellte sich mit dem Komplexerwerden der Gesellschaft das Problem der Fixierung von Kleider-Ordnungen. Im entwickelten Ständesystem war der den einzelnen Gruppen zugestandene Zeichenfundus »von oben« verbindlich vorgeschrieben. Mit der Auflösung der Feudalherrschaft traten anstelle der Kleider-Ordnungen mehr und mehr verinnerlichte Normen, die zum Teil noch heute wirken (z.B. bei Beerdigungen, Theaterbesuch, festlichen Anlässen). Hatte der Bürger des 19. Jahrhunderts sein Gewand noch als Mittel der Klassendifferenzierung einsetzen können, war mit dem Aufkommen massenhaft produzierter Kleidung der Mode als elitärer Veranstaltung ein Ende gesetzt.

Heute steht ein großes Angebot an Stilisierungsmöglichkeiten den vielfältigen Bedürfnissen gegenüber, die durch Kleidung und Mode befriedigt werden können. Durch Selektionen aus den Möglichkeiten bilden sich Gruppenstile aus, die dem einzelnen Orientierung und Halt geben – eine in der offenen und hochmobilen Gesellschaft eminent wichtige Funktion – aber auch Raum für Selbstdarstellung einräumen (siehe »Kleidungstypen«, S. 44ff.).

Die Lebensstile der sozialen Milieus

Die Sozialforschung ist schon seit langem bemüht, die Struktur der Gesellschaft in einem adäquaten Modell abzubilden. Eines der traditionsreichsten, das auch in das Alltagsdenken Eingang gefunden hat, ist das *Schichten-Modell.* Ihm liegt die Idee von einer vertikalen Differenzierung der Gesellschaft zugrunde, das heißt, man stellt sich die Gesellschaft als aus verschiedenen, jeweils übereinander gelagerten Schichten zusammengefügt vor. Daten, wie die Höhe des Einkommens und die berufliche Qualifikation, legen die Position des einzelnen fest und bestimmen damit seine Schicht-Zugehörigkeit. Die Bewertung der einzelnen Positionen auf der sozialen Stufenpyramide erfolgt damit nach der unterschiedlichen funktionalen Bedeutung, die sie für die Gesellschaft haben. Diese Modellvorstellung ist mittlerweile von der Realität überholt, denn unsere heutige Gesellschaft ist in einzelne subkulturelle Gruppen zerfallen, die eben nicht mehr hierarchisch gegliedert sind, sondern teils »nebeneinander« liegen und sich teils auch überlappen. Von der Schichtzugehörigkeit, die lediglich durch Funktionen bestimmt ist, kann nicht auf alltagsästhetische Orientierungen geschlossen werden. Will man aber zur Beschreibung der Alltagsästhetik bestimmter gesellschaftlicher Gruppen vordringen, so muß man inhaltliche Kriterien einführen, die über sozio-ökonomische Größen hinausreichen.

Diese Forderung berücksichtigt das *»Konzept der sozialen Milieus«**, welches soziale Gruppen ausdrücklich als Subkulturen definiert: »Soziale Milieus fassen... Menschen zusammen, die sich in Lebensauffassung und Lebensweise ähneln, die also subkulturelle Einheiten innerhalb der Gesellschaft bilden.«[11] Die bundesrepublikanische Gesellschaft läßt sich in acht soziale Milieus aufteilen, die jeweils spezifische Lebensstile hervorgebracht haben.[12]

Das größte Milieu ist das *»kleinbürgerliche«*; ihm gehören 26 Prozent der Bevölkerung an. Die in diesem Milieu vorherrschende Grundhaltung ist bestimmt vom Wunsch, in geordneten Verhältnissen zu leben und bleibende Werte zu schaffen. Entsprechend ist der kleinbürgerliche Lebensstil geprägt durch Anpassung, Selbstbeschränkung und die Vorliebe für zeitlose, gediegene Produkte. Die finanzielle Situation ist nicht ohne Einfluß auf diese Haltung: Dem Milieu gehören überdurchschnittlich viele Rentner sowie kleine Angestellte, Selbständige und Landwirte an, die

* Dieses Konzept wurde von dem sozialwissenschaftlichen Institut Sinus im Rahmen seiner »Lebensweltforschung« entwickelt und empirisch überprüft.

nur über kleine bis mittlere Einkommen verfügen.

Das zweitgrößte Milieu bildet das *»aufstiegsorientierte«* (24 Prozent). Den beruflichen und sozialen Aufstieg zu schaffen und entsprechendes Ansehen zu genießen, ist oberstes Lebensziel der Angehörigen dieses Milieus. Der korrespondierende Lebensstil ist an den stilistischen Vorgaben gehobener Schichten orientiert und in erster Linie auf Demonstration von Prestige ausgerichtet. Meist mittlere bis hohe Einkommen ermöglichen diesen statusbezogenen Konsumstil.

Die beiden *Arbeitermilieus*, das *»traditionelle«* (9 Prozent) und das »*traditionslose Arbeitermilieu*« (10 Prozent) unterscheiden sich in Grundhaltung und Gruppenstil erheblich. Im *»traditionellen Arbeitermilieu«* dominiert der Wunsch nach einem guten Auskommen und einem sicheren Arbeitsplatz sowie nach Anerkennung bei Freunden und Kollegen (geselliges Beisammensein als Überbleibsel der traditionellen Arbeiterkultur). Der entsprechende Lebensstil ist durch eine recht pragmatische Grundhaltung bestimmt. Man hat nur bescheidene Konsumansprüche (kleine und mittlere Einkommen herrschen vor) und umgibt sich mit soliden, zweckmäßigen Produkten.

Die Angehörigen des *»traditionslosen Arbeitermilieus«* versuchen demgegenüber mit allen Kräften, Anschluß an die Standards der Mittelschicht zu finden. Das Mithaltenwollen bedingt einen spontanen Konsumstil, dem jedoch durch beschränkte Finanzmittel (die unteren Einkommensklassen sind in diesem Milieu deutlich überrepräsentiert) enge Grenzen gesteckt sind.

Im *»technokratisch-liberalen Milieu«* (10 Prozent) gilt die Devise »Glück ist machbar«: Karriere und Privatleben werden gezielt geplant, ein hoher Lebensstandard wird erreicht und zumeist auch realisiert (hohe und höchste Einkommen sind überrepräsentiert). Im Gruppenstil dieses Milieus kommen jedoch auch spielerische Momente zum Ausdruck: Man nimmt das Leben nicht allzu ernst und pflegt einen auf Selbstinszenierung bedachten Nonkonformismus.

Die Mitglieder des *»gehobenen konservativen Milieus«* (9 Prozent) bekleiden überwiegend anerkannte Positionen in der Gesellschaft. Sie legen Wert auf ein harmonisches Familienleben und einen distinguierten Lebensrahmen. Ihr Lebensstil ist gekennzeichnet durch Traditionsbezug, die Ablehnung alles Übertriebenen und hohe Qualitätsanforderungen.

Dem *»hedonistischen«* (10 Prozent) und dem *»alternativen Milieu«* (3 Prozent) gehören überdurchschnittlich viele junge Menschen an. Typisch für das Milieu der »Hedonisten« ist der Wunsch nach intensivem Lebensgenuß, der Spontanität und Ungebundenheit über alles stellt. Als bürgerliches Antibild dient der »Spießer«, von dem und dessen Lebensstil man sich mit allen Mitteln abheben will. Der entsprechende Lebensstil soll Originalität und Experimentierfreude ausstrahlen. Bewußte Stil-Brüche und eine »Ästhetik der starken Reize« machen das Provokative dieses Gruppenstils aus.

Selbstverwirklichung und das Schaffen einer menschengerechteren Welt bestimmen die Grundhaltung der Angehörigen des alternativen Milieus. Der alternative Lebensstil ist gekennzeichnet durch Einfachheit (bis hin zur Konsumaskese) und die Betonung des Natürlichen und Echten.

Kleidungstypen: Der »ganz persönliche« Stil

Mit meiner Kleidung möchte ich mich von anderen abheben, sagen die einen, »am liebsten ziehe ich mich ganz unauffällig an«, die anderen. Zwei konträre Intentionen, die man mit Kleidung verfolgen kann. Betrachtet man, wie diese Wünsche umgesetzt werden, so bemerkt man schnell, daß auch die Realisation der gleichen Einstellung unterschiedlich ausfallen kann. Für den einen dient das exklusive, teure italienische Sakko der Abhebung, für die andere eine grüne Strähne im Haar. Die eine versteckt sich in einem selbstgestrickten Pullover, der andere benutzt den grauen Anzug von der Stange zur »Tarnung«.

Ein Individualstil beruht einerseits auf einem Bündel von Persönlichkeitsmerkmalen, findet aber erst unter dem Einfluß eines bestimmten Gruppenstils seine endgültige Ausprägung. Denn das Bemühen um Einzigartigkeit stützt sich immer auch auf »Vorarbeiten«, auf die Palette der Stilisierungsmöglichkeiten, die ein Gruppenstil anbietet. Der Einzelne kommt nun einmal nicht als Modegeck oder Modemuffel auf die Welt; vielmehr prägen ihn Grundhaltung und Lebensstil des sozialen Milieus, in dem er aufgewachsen ist. Die im folgenden aufgezählten Kleidungstypen bilden eine Typologie persönlicher Stile, die prinzipiell quer zu den Milieu-Gruppenstilen liegen. So finden sich etwa auch in Milieus mit expressivem Kleidungsstil dezente Kleidungstypen und umgekehrt.

Es lassen sich allerdings auch leicht Verbindungen zwischen den Kleidungstypen und ihren »Stamm-Milieus« aufdecken. (Vgl. »Die Lebensstile der sozialen Milieus«, S. 42f.)

Im Rahmen einer aktuellen Studie konnten sieben weibliche und sechs männliche deutlich voneinander abgrenzbare Kleidungstypen identifiziert werden.[13]

Die beiden größten Gruppen bei den Damen (jeweils 18 Prozent) bilden der Typ der »gepflegten Konservativen« und der der »prestigeorientierten Angepaßten«.

Die *»gepflegte Konservative«* entstammt dem »konservativen gehobenen« bzw. dem »technokratisch-liberalen Milieu«. Ihr Kleidungsstil läßt sich mit dem Begriffspaar klassisch-exklusiv am besten beschreiben. Kleidung gilt diesem Typ als Ausdruck von Persönlichkeit und als Mittel, einen distinguierten Geschmack zu beweisen. Hochmodische und zu extravagante Kleidung widerspricht dieser Grundorientierung, weil sie sich nicht in den kultivierten Lebensrahmen einpaßt.

Die *»prestigeorientierte Angepaßte«* ist vor allem im kleinbürgerlichen Milieu und im traditionellen Arbeitermilieu zu Hause. Sie ist überwiegend berufstätig und gehört den besser verdienenden Gruppen dieser

Milieus an. Besitz, Erfolg und Prestige (Ansehen genießen) spielen als Wunschbilder eine prägende Rolle. So legt dieser Typ auf stets perfektes Aussehen besonderen Wert und achtet darauf, in allen Situationen korrekt und passend angezogen zu sein. Bestehende Kleidernormen werden also besonders strikt befolgt. Zur Demonstration von Prestige dient vor allem auch Markenkleidung, deren »Prestige-Wert« allgemein anerkannt ist.

Die »prestigeorientierte Angepaßte« pflegt einen Stil, der durchaus mit dem der »gepflegten Konservativen« vergleichbar ist. Die rigide Anpassung an Kleidernormen verleiht ihrem Stil jedoch konformistische Züge, die noch verstärkt werden durch die Betonung konventioneller Weiblichkeit.

Die Gruppe der *»Nonkonformistinnen«* (17 Prozent) ist von jungen Frauen unter Dreißig besetzt, die sich überwiegend noch in der Ausbildung befinden. Von ihrer Lebenseinstellung her sind sie genußorientiert und versuchen, den Zwängen des Alltags zu entgehen. Entsprechend bildet sich auch ihr Lebensstil in Abgrenzung zum Konventionellen und Etablierten aus. Auf Kleidung übertragen heißt das, daß Kleidernormen abgelehnt werden, und eine Abgrenzung gegenüber der Massenmode gesucht wird. Stilistisch äußern sich diese Versuche als poppige Inszenierungen (etwa »New-Wave«-Einflüsse) oder nostalgisch-verspielter Stil (Second-Hand-Kleidung, »Alternativ-Mode«).

Dem gegenüber gehört die *»sparsame biedere Hausfrau«* (13 Prozent) einer »betagten« Gruppe an (50 Jahre und älter, überwiegend Rentnerinnen bzw. Nicht-Berufstätige). Kleidung hat hier aufgrund von Anspruchslosigkeit und/oder finanziellen Restriktionen nur geringe Bedeutung. Dieser Frauentypus richtet sich nicht nach der aktuellen Mode, sondern wählt zeitlose Kleidung, die zu möglichst vielen Gelegenheiten zu tragen ist.

Die *»bedürfnislose Antimodische«* (12 Prozent) ist dem vorgenannten Typ recht ähnlich, gleichen sich doch die demographischen Charakteristika (Alter, Bildung, Einkommen) und teils auch die Lebenswelten: Beide Typen können auch dem kleinbürgerlichen Milieu entstammen. Ein wesentlicher Unterschied zwischen beiden besteht jedoch darin, daß die »bedürfnislose Antimodische« jede Art von Prestige-Konsum vehement ablehnt, und zwar nicht so sehr aus finanziellen Gründen, als aufgrund bestimmter Wertorientierungen. Äußerlichkeiten spielen nämlich in dieser Gruppe im Gegensatz zu »inneren Werten« keine Rolle. Entsprechend wird Kleidung in ihrer möglichen Funktion als Mittel der Selbstdarstellung völlig abgelehnt. Kleidung soll vielmehr einfach/anspruchslos und »natürlich« sein (Verbindungen zum »alternativen Milieu«).

Die *»junge Modebegeisterte«* (12 Prozent) bildet eine sehr junge Gruppe (mit Schwerpunkt bei den 14- bis 19jährigen). Attraktives Aussehen hat in der Action-orientierten Lebenswelt besonders hohen Stellenwert. Man will Aufsehen erregen, sich selbst darstellen. So wird das Äußere durch Kleidung, Make-up, Accessoires bewußt inszeniert. In dieser Gruppe herrscht durchaus auch ein modisches Avantgarde-Bewußtsein.

Die *»verführbare Distanzierte«* (10 Prozent) steht der Mode zunächst abwartend und eher ablehnend gegenüber. Kleidung hat keinen hohen Stellenwert und wird nicht als mögliches Mittel der Individualisierung betrachtet. Statt dessen liegt die Betonung auf der Ich-Entwicklung: Man möchte etwas Besonderes sein, aus der Masse herausragen. Diesen Bestrebungen sind jedoch zumindest beruflich und finanziell Grenzen gesetzt (hoher Arbeitslosen-Anteil, überwiegend kleine Einkommen). Daher kommt es zu einer Verlagerung auf Freizeit und Konsum. Dieser Typus läßt sich recht leicht zum Kleider-Konsum »verführen« – oft sind es Belohnungs- oder Frustkäufe – das heißt, es werden Kleidungsstücke wider den »gesunden Menschenverstand« gekauft, also Kleidung, die man eigentlich gar nicht braucht.

Die größte Gruppe unter den männlichen Kleidungstypen bildet der *»Konventionell-Biedere«* (28 Prozent). Die äußere Erscheinung hat für ihn nur geringe Bedeutung. Modische Kleidung ist seiner Meinung nach »prinzipiell nichts für Männer«. Es genügt diesem Typus, wenn seine Kleidung ordentlich aussieht und langlebig ist (gute Qualität für wenig Geld, denn man ist »sparsam aus Prinzip«). Kleiderordnungen werden eingehalten, denn man will keineswegs durch unpassende Kleidung auffallen. Ein konventionell-dezenter Kleidungsstil wird diesen Anforderungen gerecht.

Im »konservativ gehobenen« und im »technokratisch-liberalen Milieu« beheimatet ist der *»jüngere stilsichere Anspruchsvolle«* (22 Prozent). Man kann sich ihn als den Yuppie unter den männlichen Kleidungstypen vorstellen. Er gehört der neuen »Konsumenten-Clique« an, die höchste Konsum-Ansprüche – insbesondere exklusive Marken – verwirklicht. Kleidung dient einerseits der Demonstration von Image und Prestige, andererseits der Abgrenzung gegenüber dem gerade herrschenden Massen-Geschmack. Der korrespondierende Stil hat eine exklusive Komponente (Streben nach Außergewöhnlichem, Beweis von Kennerschaft) und kann entweder klassisch oder sportlich orientiert sein.

Ist der *»konventionell-Biedere«* 30 Jahre und älter und entstammt überwiegend der Schicht der mittleren Angestellten und kleinen Selbständigen, so ist *»der ältere anspruchslose Modemuffel«* (16 Prozent) deutlich älter und gehört überwiegend den Arbeiter-Milieus an. Das Festhalten an traditionellen Werten, wie Ordnung und Pflichterfüllung, bestimmt die Lebenswelt. Man lebt sparsam und entwickelt keine übermäßigen Konsumansprüche. Kleidung hat einen entsprechend geringen Stellenwert. Sie gilt als Gebrauchsgegenstand und soll praktisch, bequem und schlicht sein.

Der *»trendorientierte Modekonformist«* (12 Prozent) gehört einer jungen Gruppe mit Schwerpunkt bei den 14- bis 18jährigen an. Diese Jugendlichen, meist noch in der Ausbildung, suchen nach eigenem Profil und träumen von einem (zukünftigen) Leben im Luxus. Damit orientieren sie sich auch an gehobenen Konsumstandards. Ein individueller Stil wird überwiegend nicht angestrebt, statt dessen frönt man dem Konsum prestigeträchtiger Waren und akzeptiert neue Moden sehr rasch. Als männlicher Gegenpart zur »jungen Modebegeisterten« pflegt auch dieser Typ einen poppig-inszenierten Stil, wobei das kreative Moment bei ihm eher zurücktritt.

Eine ebenfalls junge Gruppe bildet der Typ des *»ungepflegten Jugendlichen«* (12 Prozent). Selbstverwirklichung und ein intensives Leben sind seine obersten Ziele. Der Wunsch, anders zu sein als die »Spießer«, die die Enge und Beschränkung der Erwachsenen-Welt symbolisieren, bildet sich als bewußter Widerstand gegen die bürgerlichen Kleiderordnungen sowie gegen das Mode-Diktat ab. Stilistisch schlägt sich diese Haltung in einem »Gammel- und Schmuddel-Look« (etwa analog der »Sperrmüll-Ästhetik« bei der Inneneinrichtung) nieder. Es werden bevorzugt Second-Hand und Do-it-yourself-Kleidung getragen.

Die kleinste Gruppe bildet der *»orientierungslose Typ«* (9 Prozent), der sowohl dem »aufstiegsorientierten« Milieu als auch dem »traditionslosen Arbeitermilieu« angehören kann. Sein Wunsch, beruflich und sozial erfolgreich zu sein, ist ihm bisher versagt geblieben. So hat sich eine instrumentelle Arbeitseinstellung herausgebildet. Kompensation wird ausschließlich in der Freizeit gesucht. Konsum bietet die Chance zu zeigen, daß man mithalten kann. Trotz einer positiven Einstellung zur Mode empfindet »der Orientierungslose« beim Kleiderkauf Unsicherheit. Da er nichts falsch machen will (auch im Beruf werden die Rollenanforderungen penibel erfüllt), zugleich aber auch nicht stilsicher ist, paßt sich dieser Typus dem Massen-Geschmack an.

Der Name der Hose: Zur Bedeutung von Markenkleidung

Markenkleidung ist ein Kind dieses Jahrhunderts, aus den Möglichkeiten und Folgen der Massenfertigung geboren. In der guten alten Zeit ging man zum Schneider, wählte mit Bedacht einen Stoff aus und ließ sich ein Kleidungsstück auf den Leib schneidern. Trotz Anlehnung an die jeweils herrschenden Modeimperative trug so jedermann/jedefrau ein handgefertigtes Unikat und damit auch eine, in Grenzen, persönliche Note spazieren. Im 19. Jahrhundert bedrohte der technische Fortschritt mehr und mehr die Existenz des Schneiderhandwerks. Nähmaschine (erfunden 1830) und Zuschnittmaschine für Stoffe (patentiert 1858) schufen die technischen Bedingungen für die serienmäßige Herstellung von Kleidungsstücken. Nach dem Motto »cheap and awful« liefen zunächst nur Kleidungsstücke mit einfachsten Schnitten und aus billigen aber robusten Stoffen gefertigt von den Fließbändern, z.B. Uniformteile oder Arbeitskleidung für Soldaten, Seeleute oder – so in den USA – Sklaven.[14]

Erst als neben traditionellem Schneiderhandwerk und billiger Massenfertigung die ersten gediegen arbeitenden Konfektionshäuser tätig wurden, begann auch der qualitätsbewußte Bürger, sich für Kleidung von der Stange zu interessieren. Das Aufblühen der Haute Couture läßt sich mit den besonderen Luxusbedürfnissen der Zeit erklären: Die leichtlebige Belle Epoque liebte das Exklusive und Extravagante – und fand so in Modeschöpfern wie Mariano Fortuny oder Paul Poiret ihre Protagonisten. Kleidung ist von nun an auch mit dem Namen ihres Entwerfers oder Herstellers so untrennbar verbunden, wie ein Bild mit dem Namen seines Malers: der Couturier als Künstler, als Star der »Kulturszene«.

Anders als die anonymen Produkte des kleinen Schneiders an der Ecke oder einer Kleiderfabrik können ihre Modelle ein regelrechtes Image haben. Die Namen der bekannten Modeschöpfer dienten fortan als Markenzeichen, die um so größere Verbreitung fanden, je mehr sich die ehemals so hehre und elitäre Haute Couture auch den Massen zuwandte. Vordenkerin Coco Chanel 1953 in einem Interview mit der Modezeitschrift Vogue: »Ich bin nicht länger daran interessiert, ein paar Hundert wohlhabende Kundinnen zu bedienen, ich will Tausende erreichen.«

Prêt-à-porter war das neue Zauberwort: von Couturiers entworfen, aber in Serie produzierte Kleidung kostet oft nur noch einen Bruchteil der Modelle aus den aufsehenerregenden Kollektionen der »hohen Mode«. Dennoch darf man das Gefühl haben, ein »Original« zu tragen. Seit Beginn der 70er Jahre, nicht zufällig zu einem Zeitpunkt, als der Einfluß der jugendlichen Subkulturen auf die Mode immer stärker wurde, ließen sich auch die großen Pariser Designer vollends auf die Erfordernisse des Massenmarktes ein.

Die Namen der Mode-Designer sind heute so weit von den Produkten abgelöst, daß sie als Marken auch – und dies sehr erfolgreich – für Waren stehen können, die unmittelbar nichts mit Bekleidung zu tun haben, beispielsweise für Duftwässer oder Accessoires.[15]

Diese Tendenz sieht auch der deutsche Modemacher Wolfgang Joop: »Es ist leichter, eine Kollektion oder überhaupt einen Artikel an einer Person aufzuhängen... Denn der Trend der letzten Zeit geht wieder hin zur Individualisierung. Artikel werden an Persönlichkeiten, an deren Lifestyle oder sogar an deren Charisma festgemacht.«[16]

Die Marktforschung versteht unter Marken-Image die Summe der Einstellungen, Meinungen, Urteile etc., die ein Konsument oder eine Gruppe von Konsumenten mit einem bestimmten Markenartikel verbindet, und bemüht sich, diesen »psychologischen Nutzen« empirisch zu erfassen.

»No-Name-Artikel« können keinen »Zusatznutzen« entfalten, weil ihnen eine Qualität jenseits des Materiellen fehlt. Diesen kleinen, so entscheidenden Unterschied macht das Marken-Zeichen aus.

Das dialektische Prinzip, Abgrenzung gegenüber anderen durch Signalisieren von »Stammeszugehörigkeit«, wirkt auch und gerade bei Markennamen. Das kleine grüne Krokodil, das auf der linken Brust lauert, der

klotzige Schriftzug auf der Jogginghose oder das versteckt getragene altehrwürdige Label des britischen »Burberry« – all diese Symbole erlauben es dem Träger, Exklusivität zu demonstrieren. Das heißt, zu tragen, was seine Bezugsgruppe für »exklusiv« hält und zugleich andere davon ausgeschlossen zu wissen.

Für Thorstein Veblen, der sich in seiner ökonomisch orientierten »Theorie der feinen Leute« ausführlich mit dem Phänomen Statussymbol beschäftigte, taugen nicht nur Schoßhündchen, edle Pferde oder »Luxusfrauen« – aus heutiger Sicht könnte man noch schnelle Autos, elegante Villen und exotische Urlaubsreisen hinzufügen – als »Objekte demonstrativen Konsums«, sondern auch »verschwenderische Kleidung«, die nicht nur schön, sondern auch sichtbar teuer ist. Im Vergleich zu anderen Statussymbolen »besitzt der verschwenderische Aufwand an Kleidung den Vorteil, daß er sofortige und unmittelbare Schätzung der jeweiligen finanziellen Verhältnisse erlaubt«.[17]

Lange schon vor der »Erfindung« von Markenkleidung galt das Tragen bestimmter Farben, Ornamente oder Stoffe als besonders prestigeträchtig. Purpurne Streifen trugen etwa die römischen Senatoren an der Toga. Später wurde Purpur zur Farbe des Klerus als Symbol für Sühne und Leben zugleich. Der kostbare Goldbrokat wurde an den Höfen getragen. Und die prunkvollsten Stoffe hatten oftmals die Monarchen selbst am Leib: Damast, wie er in Lucca und Venedig zwischen dem 13. und 14. Jahrhundert hergestellt wurde, Samtstoffe auf Gold- bzw. Silberleinwand in der italienischen Renaissance oder Brokate aus dem Persien des 17. Jahrhunderts. Als Heinrich VIII. und Franz I. 1520 an der normannischen Küste zu einem »Polit-Gipfel« zusammentrafen, sollen sie weniger mit Worten als mit ihrer prächtigen Kleidung gewetteifert haben. Chronisten sprechen vom »field of the cloth of gold«.

Das Rivalisieren mit Emblemen, Wappen und Ehrenzeichen hat eine lange Geschichte und geht zurück auf die Institution des »Potlatch«, die, archaischen Ursprungs, bis in jüngste Zeit etwa bei nordamerikanischen Indianerstämmen zu finden ist: Zwei rivalisierende Stämme oder Familien tragen den Wettbewerb um soziale Vorherrschaft in rituellem Rahmen aus. Im Verlauf zeremoniell geregelter Festlichkeiten werden wertvolle Objekte als Geschenke der jeweils anderen Gruppe dargebracht, wobei die Verpflichtung zum Revanchieren besteht. Durch die Demonstration von Reichtum und dessen »Verschwendung« wird die gegnerische Gruppe zu immer höheren Gegengaben bewegt. Es bleibt Sieger, wer willens und in der Lage ist, mehr Luxusgüter als der Gegner aufzuwenden. Abschluß eines Potlatch-Rituals kann die demonstrative Vernichtung des angehäuften Reichtums bilden: Man zeigt damit, daß es nicht um die errungenen materiellen Werte, sondern den hinzugewonnenen Status geht. Anklänge an Potlatch kann man auch heute noch unschwer erkennen: die ordensgeschmückte Uniformbrust der Militärs, das Betonen akademischer Grade oder eben das Tragen von Marken-Zeichen.

Kleidervorschriften aus dem „Yuppie-Handbook“

Materialien spielten ihre Rolle als Statussymbol noch bis in den Anfang dieses Jahrhunderts hinein. Nach dem zweiten Weltkrieg, auch im Gefolge der sich ausweitenden Verwendung von Kunstfasern, verdrängte mehr und mehr der Name des Designers oder die Marke des Herstellers das Material der Kleidung in seiner Funktion als Statussymbol.

Die Statussymbole, mit denen man sich umgibt, geben einen Hinweis darauf, welche gesellschaftliche Position man einnehmen möchte. In einer festgefügten Gesellschaft wie der ständischen des Mittelalters sind die Statussymbole unmittelbar mit einer gesellschaftlichen Position verknüpft. In der durchlässigen Konsumgesellschaft sind Statussymbole dagegen prinzipiell für jedermann frei verfügbar. Nicht mehr die durch Geburt zugeschriebene oder die durch Leistung erworbene Position ist ausschlaggebend, der Status wird in der Hauptsache von den Objekten repräsentiert, die man besitzt. Prestige ist käuflich.

Der gesellschaftliche Aufsteiger etwa wird sich mit Statussymbolen umgeben, die ihn aus seiner Herkunftsgruppe herausheben und zugleich mit der Gruppe, zu der er sich Zutritt erhofft, assoziiert sind.

Jugendliche Subkulturen legen im allgemeinen keinen Wert auf Statussymbole, sondern benutzen Symbole mit oppositionellem Gehalt. Doch gibt es einige bemerkenswerte Ausnahmen, wie den bundesdeutschen Popper, den amerikanischen Yuppie oder den britischen Sloane Ranger, die sich hauptsächlich über statusträchtige Markenartikel definieren und darstellen. Der Popper (und in Grenzen dessen historischer Vorläufer, der Mod) war der erste Jugend-Stil, der in hohem Maß auf demonstrativem Konsum basierte. Die Objekte, mit denen sich Popper umgeben und schmücken – zusammen mit den erwünschten Verhaltensweisen sogar in einer Art Knigge fixiert –, sind durchweg Markenwaren der gehobenen Preisklasse. Zentral ist die Marke, denn sie macht die Magie des Objekts aus, und nur das Original verfügt über diese magische Ausstrahlung. Die detailgetreue Kopie einer Ray Ban-Sonnenbrille gilt als minderwertig. Auch die massenhafte Vermarktung ist verpönt, verstößt sie doch gegen den Exlusivitätsanspruch. So geriet der italienische Designer Fiorucci als Hoflieferant der Popper in Ungnade, als er für sein Sortiment die Fließbänder anwarf: Die zuvor heißgeliebten »Fio-Klamotten« hatten damit für diese Gruppe ihre »In-Qualität« verloren.

Auch die Yuppies, die amerikanischen »young urban professionals«, sind eine Gruppe, die für die Freuden der »Stammeszugehörigkeit« tief in die Brieftasche faßt. Für diese hart arbeitenden jungen Großstadtbewohner (nach jüngsten Schätzungen vier Millionen an der Zahl) existiert eine präzise Kleiderordnung: Anzüge und Kostüme von renommierten italienischen oder US-Designern, die Uhr von Rolex oder Cartier, die Aktentasche von Gucci, über den Arm der Burberry-Trenchcoat. Die Yuppies bilden hinsichtlich ihrer Kleidung und selbstredend auch ideologisch eine Einheitsfront. Wichtig ist ihnen nicht der Look an sich, der ist eher zeitlos-konservativ, sondern das »Haus«, aus dem er stammt.

Mit dem Popper und dem Yuppie hat der Sloane Ranger, der so heißt, weil er am Sloane Square in Londons Südwesten wohnt, nicht nur das klassenbewußte Wir-Gefühl gemeinsam, sondern auch den Hang zu teurer

Kleidung: Die Damen tragen Dezentes von Laura Ashley, die Herren Gediegenes von den britischen Hoflieferanten. Wichtig auch hier, bei den »richtigen« Adressen einzukaufen: Hemden und Anzüge in der Savile Row, den klassischen Oxford-Schuh in der New Bond Street.

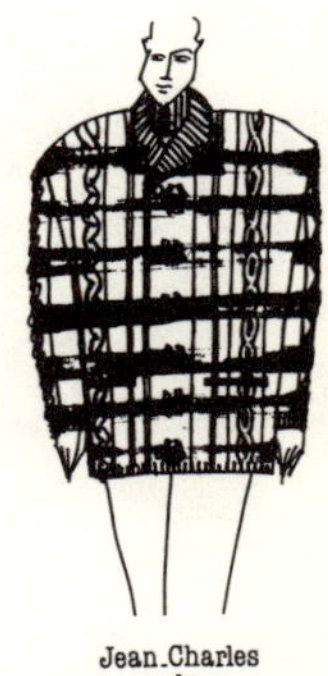

Jean.Charles de Castelbajac

Der »neue Luxus« ist jedoch nicht nur auf einige sich elitär gebärdende Jugend-Kulturen beschränkt, im Zuge einer wahren Konsumbegeisterung erfaßt er ein breites Altersspektrum und hält inzwischen in diversen sozialen Milieus Einzug. In den wohlhabenden Ländern der westlichen Welt ist das Aufkommen einer neuartigen Konsumentenclique festzustellen, die höchste Konsumansprüche verwirklicht, einem ausgesprochenen Markenfetischismus frönt und sich so mit den exklusiven Symbolen des Wohlstands schmückt. Amerikanische Marktforscher haben für diese luxusbesessene Gruppe den Namen »ultra consumers« geprägt. Durch demonstrativen Konsum wird das locker sitzende Geld in Prestige umgetauscht. Wirklicher oder scheinbarer Erfolg in einer Gesellschaft, in der – angesichts etwa der Lage auf dem Arbeitsmarkt – ein verschärfter Wettbewerb herrscht, findet in schierer Besitzgier und Verschwendungssucht seinen Ausdruck. Und diese Haltung übt immer stärkeren Einfluß auf weitere Kreise aus: Geld sitzt locker wie nie, die Luxusindustrie boomt.

KENZO

Wiederum bilden Markenartikel den Inhalt des Warenkorbs der neuen »Konsum-Hedonisten«: entweder die »quintessentiellen« Marken oder die auf dem »In-und-Out-Barometer« gerade angesagten Marken. Die Luxusbedürfnisse schlagen sich selbstredend auch im Design der begehrten Statussymbole nieder. Die Modemacher greifen vermehrt zu kostbaren Stoffen, seltene Pelze sind ungeachtet der Ökologen-Proteste wieder in Mode, und Uhren werden aus schwerem Gold oder Platin gefertigt. Ob der einzelne allerdings dem neuen Luxus verfällt, ist nicht nur eine Sache seines Bankkontos: Den Ausschlag gibt letztlich die soziale Gruppenzugehörigkeit.

YvesSaintLaurent pour homme

Vor allem die Angehörigen der drei folgenden Sozialmilieus haben ein besonderes Verhältnis zu Marken-Kleidung. Die Mitglieder des »konservativen gehobenen Milieus« pflegen einen dezenten Kleidungsstil, in dem allzu Modisches und allzu Ausgefallenes keinen Platz haben. Dem Wunsch nach Distinktion entspricht eine Ablehnung von »Massen-Waren«: Man will nicht tragen, was an jeder Straßenecke zu sehen ist. Bestimmte Markenpräferenzen – es handelt sich in der Regel um lange eingeführte, renommierte Marken (zum Beispiel »Aigner«, »Bogner«, »Rodier«) werden mit dem Hinweis auf hohe Qualität der Ware begründet.[18] Das Marken-Image selbst spielt in dieser Gruppe eine untergeordnete Rolle: Man hat es nicht nötig, sich »auffälliger Auszeichnungsstrategien« (Pierre Bourdieu) zu bedienen.

LANVIN
PARIS

Im Milieu der »Technokraten« geht eine hochkarätige Ausbildung oft mit Kennerschaft einher. So ist die Markenkenntnis bei dieser Gruppe auch besonders ausgeprägt. Darüber hinaus zeigt man sich selbst avantgardistischen Trends gegenüber aufgeschlossen und ist entsprechend auch bereit, exklusive Designer-Mode (Marken wie »Gaultier« oder »Kenzo«) in die eigene Garderobe aufzunehmen. Das Trendsetter-Milieu der »Technokraten« ist eine konsumfreudige Gruppe mit hohem Lebensstandard, in der Marken-Kleidung allerdings nur dann eine Rolle spielt, wenn sie ausgefallen genug ist, um »kulturelle Kühnheit« auszudrücken.

Guy Laroche

Die Angehörigen des »aufstiegsorientierten Milieus« schließlich sind bemüht, prestigeträchtige Objekte um sich zu scharen, sind diese doch Ausdruck für die angestrebte Zugehörigkeit zu den gehobenen Schichten der Gesellschaft. Zugleich sind die Aufsteiger auch ängstlich darauf bedacht, nicht zu übertreiben und alles richtig zu machen. So orientieren sie sich an aktuellen, von den gehobenen Schichten »abgesegneten« Marken[19] (etwa »BOSS«, »Burberry«, »Bally«). Zu extravagante oder aber Marken mit zu konservativem Touch werden gemieden, könnte man doch damit auffallen – als zu flippig oder als altmodisch.

PIERRE BALMAIN
PARIS

»Großer Aufzug«

Großer Abiturientenball in der Schule. Die Schüler wünschten festliche Kleidung. Ich erscheine in langer, handbemalter Robe in leuchtendem Türkis-Blau.

Die Blicke von Schülern, Kollegen, Eltern wenden sich meinem Kleid zu. Mein Mann erscheint mir etwas unsicher, so viel Aufmerksamkeit ist er nicht gewohnt. Mir gefällt die Situation, möchte ich doch den Schülern zeigen, daß ich auch eine Frau bin, nicht nur ihre Lehrerin. Bemerkungen von Kollegen wie: »Das putzt Sie ungemein, Frau Kollegin« schmeicheln mir. Nicht so lieb ist mir der Kontrast zwischen der Kleidung meiner Kollegen und mir: Habe ich nicht die Garderobe vielleicht »eine Nummer zu groß« gewählt? Besonders der auffallend saloppe Aufzug von Kollege J. und Frau stört mich in diesem Augenblick, obwohl ich ihn sonst so mag. Warum muß ich allein so hübsch gekleidet herumlaufen? Warum muß ich so die Ausnahmerolle spielen? Guckt J. nicht schon verachtend, weil ich so gekleidet bin wie die Leute, über die wir sonst so gerne herziehen? J. ist sehr distanziert, spricht überwiegend in ironischem Unterton mit mir: Ich habe die Grenze überschritten, habe den gemeinsamen Konsens gestört.

Der immer sehr elegante Schulleiter dagegen begrüßt mich sehr freundlich. Ihm scheint mein Anblick zu gefallen, er freut sich bestimmt darüber, daß ich dem Wunsch von Schülern und Eltern nach stilvoller Kleidung nachkomme; aber warum fordert er mich nicht zum Tanzen auf? Warum gerade mich nicht, die ich heute bestimmt attraktiv bin? Oder bin ich vielleicht zu attraktiv? Wären wir ein zu auffälliges Paar? Maria R., Lehrerin

Die pure Hülle:
Material, Farbe, Silhouette

Material: Der Stoff aus dem die Träume sind*

Pelz: Das Schöne und das Tier

Das archaischste Material ist das Fell, das der Jäger dem erbeuteten Tier abgezogen und sich selbst als Trophäe und als Schutz umgehängt hat.

Wir wissen, daß die Könige von Sumer und Mari im vierten Jahrtausend vor unserer Zeitrechnung rockähnliche Gebilde aus Fellstreifen trugen. Im alten Ägypten hatten nur die Pharaonen das Recht, einen Löwenschwanz am Gürtel zu tragen, während das Tragen von Pantherfellen bestimmten Priesterkasten vorbehalten war.

Bei Griechen und Römern war der Pelz eher verpönt. Nur Arme und Hirten trugen Felle von Ziege oder Schaf. Die »unzivilisierten« Völker des Nordens, zuerst von den Römern unterjocht, dann aber auch als Invasoren in Rom, waren die »barbari pelleti«, die fellbekleideten Barbaren. Diese konfrontierten den von Anthropologen »tropisch« genannten Kleidungsstil der Römer – weite, leichte, drapierte Kleidung – mit dem »arktischen« Kleidungsstil – körpernah geschnittene, feste Kleidung – das heißt vor allem mit Hosen und Pelzen.

Daß viele Römer beides gar nicht so schlecht fanden, daß gerade der Pelz als Statussymbol genutzt wurde, belegen die zahlreichen Erlasse, mit denen man diese Tendenzen stoppen wollte.[1]

Auch Karl der Große legte in seiner Kleiderordnung die Pelzpreise auf Eis. Die mittelalterlichen Kardinäle und Bischöfe wetterten gegen das Tragen von Pelzen. Aber der Kampf gegen das Fell als Statussymbol ist

---

* Im folgenden soll nur die Bedeutung einiger besonders symbolträchtiger Kleidungsmaterialien behandelt werden. Auch Stoffe, das heißt die aus Garnen gewebten, gewirkten oder gestrickten Textilien – von denen Fachleute über zweihundert Sorten (zum Beispiel Tweed, Kaschmir, Velour, Loden, Jeans oder Flanell) kennen – bleiben dabei unberücksichtigt.

schon seit Jahrhunderten ein Scheingefecht: Karl der Große liebte sein Otter-Koller, die Kardinäle trugen prächtige Pelzmäntel, die Päpste Hermelin.

Wie auch in den mittelalterlichen Luxusgesetzen ging es nur darum, daß eine kleine Oberschicht Reichtum und Luxus demonstrieren konnte, und die Mehrheit sichtbar davon ausgeschlossen blieb.

Der Pelzhandel florierte zusehends. In London, Lyon oder Leipzig entstanden große Pelzmärkte, die von immer neuen Jagdgründen mit immer neuen Pelzsorten versorgt wurden und zu immer neuer Verarbeitung anregten.

Das Massenschlachten, die rücksichtslose Ausrottung von Tierarten konnte beginnen. Aber darüber sollte man sich erst in jüngster Zeit Gedanken machen.

Was die Mode angeht, so trug man den Pelz zumindest in Europa bis ins 19. Jahrhundert eigentlich nur als Innenfutter und als Verbrämung. Die ersten Außenpelze für Damen sollen im kalten Winter des Jahres 1809 in Paris aufgetaucht sein, wobei Napoleons Kontakte zu Rußland, aber auch die aktuelle Kleidermode mit ihren geraden, dünnen Hemdkleidern, die geradezu nach bodenlangen Pelzmänteln verlangten, eine Rolle gespielt haben. Daß der Außenpelz in der Männermode keine Chance hatte, ergibt sich aus dem damals erst richtig beginnenden »großen männlichen Verzicht«[2] auf demonstrativen Prunk in der Kleidung.

Auf Dauer setzte sich der Außenpelz allerdings auch für Frauen erst gegen Ende des 19. Jahrhunderts durch. Wiederum spielten Frankreichs Beziehungen zu Rußland eine Rolle. Der Besuch der französischen Flotte in Toulon von 1897 und der des Zaren in Paris drei Jahre darauf erzeugten besonders unter den nach Statussymbolen suchenden Neu-Reichen einen regelrechten Enthusiasmus für Pelze.

Eine Gelegenheit für die Männer, ihren Pelz nach außen zu tragen, ergab sich erst wieder in den zehner und zwanziger Jahren des Zwanzigsten Jahrhunderts, als der »Auto-Sport« in Mode kam, und die durchweg offenen Gefährte warme, vor allem aber auch unverwechselbare Kleidung erforderten, die es dem neuen Herrenreiter ermöglichte, auch ohne seine Karrosse als privilegierter, schicker Sportsmann aufzutreten.

Zur Jahrhundertwende wurde die Pelznähmaschine erfunden, und der Weg war frei für die Pelzkonfektion. Neben der Haute Fourrure mit Zobel, Hermelin und Chinchilla nun auch Pelz für jedermann mit Karnickel, Bisam und Maulwurf.

Heute, nach weltweiten Protesten gegen die systematische Ausrottung vieler Tierarten und den dadurch notwendigen Artenschutzabkommen ist die Prestigewirkung des Pelzes nicht mehr so ungebrochen. Schon seit Jahren kann es sich eigentlich auch ein Filmstar nicht mehr leisten, im Nobelfell herumzustolzieren. Nicht nur militante Tierschützer würden image-schädigenden Protest erheben.[3]

Kunstpelze bieten da nur in der Jugendmode Ersatz, wo es weniger auf Status als auf fröhlich-freches oder ironisches Zitat ankommt.

Doch im Zuge des »Neuen Luxus« sind auch die echten Stücke wieder stark im Kommen. Das Umweltgewissen – meist weniger das eigene als das befürchtete öffentliche – beschwichtigt man damit, daß man bestimmte Arten – Seal etwa oder vom Aussterben bedrohte Wildkatzen – nicht mehr trägt. Die aufwendig verarbeiteten Felle kommen heute von industriell geführten Tierfarmen, die immer häufiger neue, der Mode entsprechende Kreuzungen züchten.

Pelz ist wohl das prestigeträchtigste Kleidungsmaterial. Der Balg des erlegten Tieres ist wie der Skalp des getöteten Feindes das unmittelbarste und aussagekräftigste Zeichen des Siegers. Je größer der Besiegte, je prächtiger sein Fell, desto mehr »mana«, Respekt, Status geht auf den Sieger über.

Diese archaische Assoziation spielt auch heute noch eine Rolle. »The precious fur for a precious few« lautete ein Slogan von Dior. Der Nerz als Statussymbol, als Zeichen für Reichtum und sozialen Erfolg. Anstelle des Jagdgeschicks, der physischen Tugenden sind andere von der Gesellschaft anerkannte Fähigkeiten und Leistungen getreten. Die Wildkatze wird nicht mehr erlegt, sondern käuflich erworben. Und der Jäger trägt nicht mehr selbst, er läßt tragen. Seit dem 19. Jahrhundert hat die Frau in der Oberschicht dem Mann die »Bürde« des demonstrativen Prunks abgenommen und durch ihre ostentative Verschwendung seinen Status zur Schau gestellt.

Diese Rollenverteilung wird allerdings in den letzten Jahren zunehmend in Frage gestellt. Die Frauen können sich ihre Pelze selbst kaufen, und für Männer ist der Pelz nicht länger tabu.[4]

Doch der Pelzhandel arbeitet noch immer vornehmlich für weibliche Kunden, und die Werbung nutzt nicht nur die Prestigewirkung des Pelzes, sondern auch seine Verführungsmacht. Diese speist sich einerseits aus der besonderen Weichheit des Pelzes, andererseits aus dem symbolischen Zusammenspiel von »la belle« und »la bête«.

Beim Pelz ist das Auge nur Vorkoster für den Tastsinn. Der sinnliche Pelz fordert den Betrachter zum Anfassen, Streicheln geradezu heraus. Der Pelz verführt. Zum Hineinschlüpfen, zum narzißtischen Kuscheln. Zum erotischen Streicheln und Anschmiegen, wenn schon jemand drinsteckt.

Die Werbung spielt mit beiden Neigungen. Sie zeigt den Pelz als begehrenswertes Kuschelobjekt für die Frau und die Frau selbst als »Venus im Pelz«, als sich räkelnde, schnurrende Wildkatze.

Der eigentliche, verführerische Reiz aber geht von dem Kontrast zwischen erster und zweiter Haut aus, zwischen der glatten, nackten Menschenhaut und dem dichten animalischen Fell. Die wahre Venus im Pelz trägt unter dem Pelz nichts. Und sie ist nie so nackt wie unter einem Pelz. Als irritierendes Vexierbild ist sie zweifach nackt. Als Wildkatze, deren erste Haut sie trägt, und als Menschenfrau, die unter diesem animalischen Fell ihre eigentliche Haut effektvoll kontrastierend hervorblitzen läßt. La belle und la bête in einer Person.

Den »Adonis im Pelz« gibt es nicht. Zumindest nicht in der zeitgenössischen Vorstellung. Da wird der Mann im Pelz höchstens zum trophäentragenden Trapper, zum tapsigen Teddy-Bären oder gar zur tuntigen Fummeltrine. Aber, was nicht ist, kann ja noch werden.

Leder: Die gepanzerte Haut

Glattleder ist nicht Kontrast zur Haut. Es ist die konsequente Übersteigerung der ersten Haut. Im Gegensatz zum Pelz, aber auch zur Zwischenform Wildleder, wird Glattleder meist hautnah geschnitten. Es gibt keine Pelzhosen, aber die engen Leder-Jeans sind prototypisch. Dieselben Reiternomaden, die die Hose erfunden haben, haben wohl auch das Glattleder kultiviert und verbreitet. Vielleicht erklärt das viele, der mit diesem Material verbundenen Assoziationen.

Es ist solide, dauerhaft, wetterfest, schützend, abweisend und damit ideal als Schutz- und Arbeitskleidung. Nicht nur Reiterhirten wissen das zu schätzen, sondern auch Polizisten oder Motorradfahrer. Lederkleidung ist die Kleidung des fahrenden Kriegers, der gegen Wind und Wetter, vor allem aber gegen andere Krieger zu kämpfen hat. Sein enganliegender Lederpanzer ist mit ihm regelrecht verwachsen, gibt ihm

Marlon Brando in „Der Wilde"

festen Halt und Sicherheit und ein entsprechendes Auftreten. Besonders martialisch ist das schwarze, glänzende Leder, das Rocker, aber auch Sado-Masochisten bevorzugen.

Hier zeigt sich die enge Verbindung dieses Materials zu anonymer, uniformierter Aggressivität. Nicht von ungefähr versuchte die Stadt New York, das ramponierte Image ihrer Polizisten unter anderem damit aufzumöbeln, daß sie deren schwarze Lederjacken durch helle Stoffjacken ersetzte.

Eine Gruppe junger Männer in schwarzer Lederkluft, mit Motorradhelmen und dunklen Brillen anonymisiert, wird zur bedrohlichen Horde. Der unter der schwarzen Kapuze verborgene Sado-Meister zur anonymen und darum unerbittlichen, strafenden Instanz, die die Peitsche über ihrem ebenfalls entpersonalisierten Opfer schwingt. Die mit dem schwarzen Leder assoziierte Sinnlichkeit ist virile, aggressive, obszöne Sexualität.

Kein Wunder, daß schwarze, enge Lederkleidung lange Zeit in der Öffentlichkeit verpönt, im Folterkabinett bürgerlicher Obsessionen dafür um so beliebter war.

Erst die Punks haben diese Obsessionen wieder ans Licht der Öffentlichkeit gezerrt. Sie benutzten schwarzes Leder und andere Utensilien aus der Sado-Maso-Abteilung, um die braven Bürger zu schockieren und ihnen höhnisch die eigenen verdrängten Wunschvorstellungen vorzuführen, aber auch um die strickenden Softies aus der Alternativ-Szene mit vermeintlichem Machotum zu provozieren.

Mit dem Einfluß des Punk-Stils auf die bürgerliche Mode ist auch schwarzes Leder wieder tragbar geworden. In entschärfter Form, versteht sich. Die feinen Damen tragen es, hauchdünn geschabt und aufwendig veredelt als weich fallende Bundfaltenhose oder als weite Jacke. Selbst die Alternativen haben die schwarze Lederhose an ihren Stil angepaßt. Sie tragen sie als tiefbündige Jeans und entschärfen ihre Wirkung zusätzlich durch Lama-Pullover und Turnschuhe.

Auch die Seide ist ein tierisches Produkt, das – was weniger bekannt ist – auf eher unschöne Weise gewonnen wird. Man tötet die Puppen des Seidenspinners in kochendem Wasser oder heißem Dampf, um aus dem von der Raupe gesponnenen Kokon jeweils einen Faden von 300 bis 800 Metern Rohseide zu gewinnen, die dann entsprechend weiterverarbeitet werden kann.

Konfuzius berichtet, daß die Seide 2640 v. Chr. von einer chinesischen Kaiserin entdeckt wurde. Von China verbreitete sich die Seidenraupenzucht über Korea nach Japan, später über Indien nach Persien und Vorderasien. Über die berühmten Seidenstraßen wurden Rohseide und Gewebe bis ins Gebiet des Römischen Reiches transportiert. Erst im 6. Jahrhundert brachten byzantinische Mönche die Seidenraupe und das Know-How der Seidengewinnung nach Europa, wo sich, vor allem in Italien, bald eine blühende Seidenindustrie entwickelte.

Wie der Pelz ist die Seide ein Luxus-Produkt, edel, teuer und sinnlich – allerdings auf andere Weise. Der Seide haftet von Anfang an etwas Mysteriöses an. Lange Zeit wußte man in Europa nicht, wie sie hergestellt wird. Der Mythos vom Volk der Ser, das sie angeblich von den Bäumen kämmte, hielt sich hartnäckig. Schon das feine, glänzende Material

selbst mit der phänomenalen Eigenschaft, im Winter zu wärmen und im Sommer zu kühlen, muß unglaubliches Staunen hervorgerufen haben.

Im 20. Jahrhundert wird Seide vorwiegend mit drei Aspekten assoziiert:

Erstens mit Luxus, das heißt Reichtum, Eleganz, Festlichkeit. Nicht jeder kann sie sich leisten, man zieht sie hauptsächlich zu festlichen Gelegenheiten an.

Zweitens mit Erotik. Diese gründet sich auf den schillernden Glanz, den leichten Fall, vor allem aber auf das magnetisierende »Knistern« beim Berühren. Seide ist intim, persönlich, delikates Geheimnis. Seide ist der Dessous-Stoff, ihre Kulisse das Boudoir. Die mit ihr verbundene Erotik ist nicht animalisch wie beim Pelz, sondern subtil und raffiniert.

Drittens mit Natur. Diese Assoziation kam eigentlich erst nach der Verbreitung der Kunstfasern auf. Vorher war Seide wohl das artifiziellste Textil, das man sich vorstellen konnte. Die wenigsten können heute Seide und ihr nachempfundene Kunststoffe auseinanderhalten. Bei Befragungen wird jedoch meist der »natürlichen, luxuriösen« Seide der Vorzug gegeben.

Die Konkurrenz der Kunstfasern und der damit einhergehende Rückgang in der Seidenproduktion gibt der Seide eine zunehmend nostalgische Note. Die mit ihr verbundene Erotik und Eleganz stammt eher aus einer entschwundenen romantischen Vergangenheit als aus der so direkten, grellen Gegenwart.

Wolle: Bestrickend natürlich

In Ägypten hat man Wollfilze entdeckt, die aus dem fünften Jahrtausend vor unserer Zeitrechnung stammen. Ägyptische Wandbilder zeigen auch einfache Techniken der Wollproduktion. Beim Hirtenvolk der Griechen war Wolle äußerst beliebt.

Unter der Herrschaft des Römischen Reiches entwickelte sich vor allem Britannien zu einem Produktionszentrum. Hier züchtete man auch zahlreiche Schafrassen, die Wolle in verschiedenen Farbtönen lieferten.

Im Mittelalter wurde die Herstellung durch die Verbreitung des Spinnrads wesentlich ökonomisiert, die Entstehung von Manufakturen folgte. Der traditionelle Produktionsweg lief von England, das die Wolle lieferte, über Flandern, wo man Stoffe produzierte, nach Italien, wo man die Endverarbeitung besorgte.

Heute hat die Wolle große Marktanteile an die Kunstfaser abtreten müssen, aber der Durchschnittsdeutsche verbraucht noch immer über ein Kilo pro Jahr.

Obgleich die Wolle auch von Ziegen, Lamas oder Hasen gewonnen wird, ist sie in der Vorstellung doch zuallererst mit dem Schaf verwoben. Wolle ist »schäfchenweich«. Die mit ihr verbundenen Konnotationen sind »Sanftheit«, »Natur«, »Wärme«, »Tradition«, »Fürsorge«, »Handarbeit«. Ihr prototypisches Kleidungsstück ist der Pullover.

Die Alternativen haben daraus eine eigene Ideologie von sanfter Technologie gestrickt. Das Schaf und seine Wolle stehen dabei für alternative, friedliche, harmonische Lebensweise und damit für den Ausstieg aus der Industriegesellschaft. Noch vor wenigen Jahren hatten sich Tausende von Aussteigern, darunter gestandene Industriemanager, um eine einzige Schäferstelle beworben.

Wer eine solche Stelle nicht ergattern konnte oder wollte, kann seine Einstellung durch das Tragen von handgestrickten Pullovern, Mützen, Schals demonstrieren. Oder, noch eingängiger, durch öffentliches Stricken in Seminaren, Bussen, Teestuben, aber auch in sommerlichen Schwimmbädern. Besonders effektvoll ist auch das »coming out« der strickenden Männer, die damit durch die Maschen der traditionellen Rollenverteilung fallen.

Auch wenn viele unbehandelte Wolle möglichst selbst verstricken, die Wolle, die man in der Regel verkauft bekommt, ist keineswegs so natürlich, wie man gemeinhin glaubt. Selbst wenn sie nicht mit Synthetik versetzt ist, so hat sie doch oft einige Prozeduren – Bleichbäder, chemische Imprägnierung oder Färbungen – durchlaufen, die ihr die anfängliche Natürlichkeit nehmen. Und die Wolle, die man möglichst direkt vom Schaf auf den Körper strickt, ist alles andere als schäfchenweich, sondern rauh und kratzig.

Die eigentliche Revolution in der Massenproduktion aber ermöglichten synthetische Kunstfasern. Schon 1892 wurde in England das Viskoseverfahren patentiert. 1935 folgte Nylon, 1938 Perlon.

Diese Stoffe, deren industrielle Fertigung und massenhafte Verbreitung erst nach dem Zweiten Weltkrieg richtig in Schwung kam, waren ihren natürlichen Vorläufern in wesentlichen Aspekten überlegen. Sie waren leicht waschbar, schnelltrocknend, knitterfrei, robust und billig. Nyltesthemden und Perlonstrümpfe wurden als revolutionäre Erleichterung der Hausfrauenarbeit ebenso enthusiastisch begrüßt wie die Automatisierung des Haushalts. Die Eroberung der Zukunft hatte begonnen, und man war dabei.

Der Zukunftsenthusiasmus ist inzwischen Schnee von gestern, »zurück zur Natur« heißt die Devise. Ein Nyltesthemd aus den Fünfzigern würde man nicht mehr anziehen: »Haben die damals nicht gemerkt, wie sie schwitzen?«

Dennoch nehmen Synthetics heute über 40% des Weltmarkts ein. Marktforscher haben herausgefunden, daß synthetische Materialien mehr genutzt als geliebt werden. Sie haben keine »Produktpersönlichkeit«, gelten als kalt und neutral, können sogar Allergien hervorrufen. Man trägt Synthetik-Hosen oder Synthetik-Unterwäsche, ohne sich dessen eigentlich so recht bewußt zu sein. Richtig bewußt trägt man nur die natürlichen Materialien, die ein eigenes »Profil« haben: den »echten« Seidenschal oder den Pullover aus »echter« Schurwolle.

Diese (verbale) Ablehnung der Synthetik hat aber eigentlich keine »reale« Basis mehr, sondern beruht fast ausschließlich auf unserer Vorstellung vom »Künstlichen« oder vom »Natürlichen«. Die meisten Menschen, die Seide den Kunstfasern vorziehen, können beides nicht auseinanderhalten. Natürliche Materialien sind aufgrund ihrer komplizierten und meist auch chemischen Weiterverarbeitung letztlich alles andere als natürlich, während Synthetics häufig hohe Anteile an natürlichen Materialien aufweisen. Im Gegensatz zu den schweißtreibenden Nyltest-

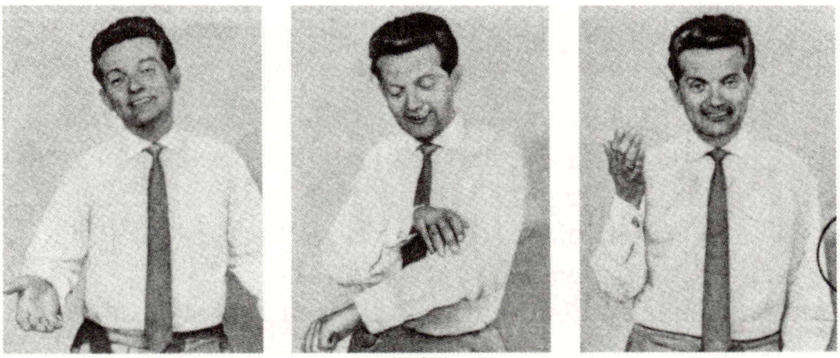

Hemden sind die modernen Mischgewebe im Hinblick auf einen gesunden Wärmeaustausch den natürlichen Stoffen häufig überlegen. Bekleidungsphysiologen schwören diesbezüglich auf leichte Mischgewebe aus mehreren Schichten, die einen optimalen Wärmeaustausch ermöglichen. Die meisten von uns profitieren schon von diesen Erkenntnissen – zum Beispiel bei Ski-Anzügen oder den sogenannten »Thermo-Hosen«.

Farbe: »Color me beautiful«?

»Das schmutzige Grau des Elefanten und des Esels ist an sich keine angenehme Farbe, trotzdem wird sie ohne koloristisches Mißfallen hingenommen. .. So können Mißfarben gegenständlich gerechtfertigt werden, wie umgekehrt an sich vortreffliche Farben gegenständliche Entwertung erfahren können. Die Gesäßschwielen mancher Affenarten, der Paviane und Mandrille, erscheinen uns ekelhaft, trotz ihrem schönen Blau und Rot.
Friedrich Kainz

Kleidung ohne Farbe gibt es nicht. Beim Kauf und beim Tragen von Kleidung spielt die Farbe stets eine große Rolle. Wir brauchen »unbedingt« noch ein paar braune Schuhe, ein »kleines Schwarzes« oder eine helle Sommerhose, die zu unserem Lieblingssakko paßt. Buben werden hellblau, Mädchen rosa eingekleidet, der Konfirmand trägt Schwarz oder Dunkelblau, die Braut gibt ihr Ja-Wort »ganz in Weiß«, und beerdigt wird in Schwarz. Man könnte eine ganze Biografie in Farben malen. Woher kommen solche Konventionen? Wie wirken Farben auf uns? Wie entstehen Modefarben, Lieblingsfarben?

Schon seit vielen Jahren bemüht man sich um die Erforschung der Farbenwirkung. Physiologische Untersuchungen[5] haben ergeben, daß helle, warme Farben den Blutdruck ansteigen lassen und den Pulsschlag erhöhen, während kalte, dunkle Farben einen gegenteiligen Effekt haben.

In rot-orange gestrichenen Räumen schätzten Versuchspersonen die Raumtemperatur drei bis vier Grad höher als in – objektiv gleich warmen – blau-grünen Räumen. In einem blau ausgemalten Pferdestall beruhigten sich Pferde nach einem Rennen schneller als in einer rot-orange gestrichenen Abteilung desselben Stalls. Fliegen dagegen bevorzugten eindeutig die letztere Abteilung, während sie den blauen Abschnitt mieden.

Rot wirkt stimulierend, auch Gelb geht in diese Richtung, Blau und Grün wirken beruhigend, Violett bewirkt eine Erregung, die physiologisch der Trance vergleichbar ist.

Nicht so einfach sind die Verhältnisse, wenn man nach der psychologischen Wirkung der Farbe fragt, nach Vorlieben, nach durch Farben hervorgerufenen Gefühlen und Stimmungen. Nach der einen Untersuchung ist die Lieblingsfarbe von Kindern eindeutig Blau, nach einer anderen ebenso eindeutig Rot. Fragt man Erwachsene, wird das Bild nicht klarer. Allerdings finden sich Blau und Rot bei den meisten Untersuchungen auf den ersten beiden Plätzen der Beliebtheitsskala. Fragt man nach der Farbe, die man gar nicht mag, erhält man häufig auch Farbnennungen, die auch in der Beliebtheitsliste oben stehen. Einzig Blau scheint so gut wie nie abgelehnt zu werden. Männer bevorzugen das Farbenpaar Rot/Blau, während Frauen eine (weniger ausgeprägte) Neigung zu Grün/Gelb haben.

Die häufigste Antwort überhaupt, die Versuchspersonen bei solchen Untersuchungen geben, lautet allerdings: »Das kommt ganz darauf an«. Auf den Bereich und den Gegenstand nämlich, für den Farbe ausgesucht werden soll: Möbel, Bilder, Tapeten, Teppiche, Lebensmittel, Autos, politische Parteien, Unterwäsche, Hüte, Krawatten, Make-up, Mäntel, Schuhe...

In so gut wie allen Untersuchungen hat man den Versuchspersonen nämlich nur Farbplättchen oder Dias vorgelegt, in der Hoffnung, die Farbwirkung unabhängig vom Gegenstand erfassen zu können. Aber ein kluger Mann hat einmal gesagt »Es gibt nur farbige Form und, was dasselbe ist, geformte Farbe«.

Wir nehmen nicht einfach eine farbige Fläche wahr, sondern versuchen stets, dem farbigen Gegenstand als Ganzem eine Bedeutung zu geben. Diese Bedeutung wird nicht von einer simplen physiologischen Reaktion bestimmt, sondern vor allem von den Erfahrungen des Menschen, von den in einem Bereich geltenden Konventionen und Geschmacksnormen. Und die sind in den seltensten Fällen »natürliche« Selbstverständlichkeiten. Daß wir keine blauen Steaks mögen, scheint noch auf biologisch begründbare Schutzmechanismen zurückführbar. Aber in anderen Bereichen haben Farben keine Wirkung an sich, sondern vor allem historisch entstandenen Symbolwert.

Schwarz etwa gilt nicht in allen Kulturen als Trauerfarbe, und auch bei uns ist diese heute so selbstverständlich scheinende Verbindung aus einer Mode hervorgegangen. Die Einkleidung von Babies in Rosa oder Blau gibt es erst seit diesem Jahrhundert. Es ist mithin nur sinnvoll, Farbwirkungen für bestimmte Gegenstände bzw. Gegenstandsbereiche zu untersuchen und dabei die in einer Kultur geltenden Normen und Symbole zu berücksichtigen.

Da es also bisher ebenso wenig eine seriöse Psychologie der Farben im allgemeinen wie eine verbindliche Psychologie der Kleiderfarben im besonderen gibt – was uns in Bestseller verpackte neue Kleiderordnungen wie »Color me beautiful« oder »Color for men« suggerieren –, wollen wir hier auch keinen neuen Farbführer aus dem Hut zaubern. Statt dessen soll am Beispiel der beiden »Nicht-Farben« Weiß und Schwarz skizziert werden, wie sehr uns heute »natürlich« erscheinende Farbbedeutungen mit historischen und gesellschaftlichen Entwicklungen verknüpft sind – auch wenn sich manche Farbe aufgrund physikalischer und physiologischer Gegebenheiten eher für bestimmte Konnotationen eignen mag als eine andere.

Weiß: Unbefleckte Unschuld und feine Gesellschaft

»Die Sauberkeit ist für den Körper, was die Scham für die Sitten ist«

Docteur Deglaude, 1817

Weiß, das ist zuerst die Farbe der Reinheit, im wörtlichen wie im übertragenen Sinne. Die unmittelbare, auffällige Sichtbarkeit auch des kleinsten Schmutzflecks macht das Weiß zum untrüglichen Indikator von Sauberkeit. Wer eine weiße Weste hat, der hat sich nichts vorzuwerfen, ist unschuldig.

Unschuldig wie die weißen Opfertiere, die man in der Antike den Göttern darbrachte, unschuldig wie die Braut, die ganz in Weiß vor den Altar tritt. Sollte sie nicht mehr unschuldig sein, also schwanger sein oder schon das zweite Mal vor dem Altar stehen, schickt sich das weiße Kleid nicht. Das Klischee von der Braut »ganz in Weiß« macht vergessen, daß die Braut auch in Europa noch gar nicht so lange weiß trägt, nämlich erst seit dem 19. Jahrhundert.

»Die Braut trägt Schwarz« hieß es dagegen, als Lucrezia Borgia im Jahre 1502 den Herzog von Ferrara heiratete. Ihr Kleid war allerdings alles andere als schlicht. Es war eine überaus prachtvolle Arbeit aus kostbarem, mit Gold verziertem Samt. Auch weniger verrufene, weniger reiche Damen trugen damals nicht Weiß. Man trug entweder »das gute Kleid«, die Festtagstracht, oder wenn man sich überhaupt ein Kleid nur für die Hochzeit leisten konnte, eines, das der aktuellen Mode entsprach.

Weiß als Kleiderfarbe entwickelte seine Bedeutung eigentlich erst mit dem Einfluß des Puritanismus und der positiven Bewertung von Körperhygiene. Die Puritaner hatten ihre asketisch schwarze Wolltracht mit weißen Kragen und Hemden kontrastiert. Die alten Vorstellungen vom ungesunden Waschen – »saepe manus, raro pedes, numquam caput«[6] – wurden erst seit dem 18. Jahrhundert durch eine allmählich aufkommende Hygiene-Diskussion ausgewaschen.

Auch die heute typische, weiße Kluft der Mediziner verdankt sich der Entdeckung von Keimen und der Erhebung der Hygiene zum medizinischen Grundprinzip: Weißes läßt sich eben unbeschadet kochen und damit sterilisieren.

Unterwäsche und überhaupt »Weißwäsche« gewann im 19. Jahrhundert an Bedeutung. Auf dem Land wurde sie nur ein paar Mal im Jahr bzw. zu Festtagen gewaschen. In der Stadt wurden saubere weiße Kleidungsstücke – Hemden, Kragen, Handschuhe... – zum Statussymbol. Denn wer so sauber einherschritt, der konnte keiner schmutzigen, niedrigen Arbeit nachgehen. Überdies erforderten der häufige Wechsel dieser empfindlichen Stücke und die aufwendigen Wasch-, Bleich- und Plättprozeduren eine umfangreiche Garderobe und zahlreiches Personal. Hatte sich der Feudal-Adel noch dadurch nach unten abgegrenzt, daß ihm seine prunkende Kleidung jegliche Arbeit offensichtlich unmöglich machte, distanzierten sich die bürgerlichen Herren des 19. Jahrhunderts von den unteren Schichten dadurch, daß sie augenscheinlich keine schmutzige Arbeit verrichten konnten. Noch heute rufen in den Fabriken die Arbeiter im »Blaumann« »Achtung, Weißkittel«, wenn einer der höheren Chargen kontrollierend durch die Halle geht. Im Englischen gibt es die Unterscheidung zwischen »blue collar« und »white collar workers«.

Status signalisierte Weiß auch im immer populärer werdenden Sport. Im Gegensatz zu den schweißtreibenden Kraftmeiereien der Arbeitersportvereine übte man die feinen, eleganten Sportarten wie Tennis oder Polo im weißen Dress aus. Die Sportbegeisterung machte auch der vornehmen Blässe ein Ende. Braune Haut wurde vom Zeichen für niedrige Arbeit im Freien zum Indikator für luxuriöse Freizeitbeschäftigung. Der Kontrast der weißen Sommerkleidung brachte sie natürlich besonders gut zur Geltung.

Sportliche Eleganz und Status, aber auch die traditionelle Verbindung von Weiß und Festlichkeit gipfeln im weißen Anzug des »großen Gatsby«.

Doch zurück zum Weiß der weiblichen Unschuld. Das 19. Jahrhundert war die Blütezeit der weiblichen Unterwäsche. Die bürgerliche Frau war einerseits ornamentales »Prunkstück« ihres dezenten Gatten (siehe »Maskulin, feminin, androgyn?«, S. 176ff.), andererseits führte das körper- und sexualfeindliche Klima dieser Zeit dazu, daß der weibliche Körper, insbesondere seine unteren Regionen, auf geradezu zwanghafte Weise verpackt, eingepanzert und zugeschnürt wurde.

Beide Tendenzen führten zu einem enormen Anwachsen der Unterwäsche, die mit ihren unzähligen steifen Schichten den stabilen Unterbau für die überdimensionierten Röcke abgab, und zugleich jeden Gedanken an Auskleiden im Labyrinth der immer neuen Schnürungen und Rockschichten ersticken ließ. Daß dieser Schutzwall der sittsamen Frau in makellosem Weiß erstrahlen mußte, versteht sich von selbst. Das weiße Brautkleid, das wohl nicht zufällig mit dieser Epoche zur Norm wurde, erscheint somit als nach außen gewendete Unterwäsche. Das heißt, dem Anlaß entsprechend war ausnahmsweise und demonstrativ der Blick auf die sonst verborgenen »weißen Flecken« in der Landkarte der Sittsamkeit freigegeben.

In den letzten Jahrzehnten hat die Waschmittelwerbung der Frau eine neue Gelegenheit gegeben, ihre Makellosigkeit zu demonstrieren. Diesmal allerdings nicht als unbefleckte Braut, sondern als perfekte Hausfrau, die Grau raus- und Weiß reinzwingt. War die Wäsche nicht wirklich »Dash-Weiß«, zerbrachen – zumindest in der Werbung – Ehen, scheiterten Karrieren. Nur das rettende Super-Weiß konnte da noch helfen. Zum Glück hat mittlerweile die Umweltdiskussion die Bleichmittel etwas zurückgedrängt; die Werbung muß jetzt Textilien und Umwelt zunehmend Schonung versprechen.

Schwarz: Düstere Askese und romantische Dramatik

Auch die »Nicht-Farbe« Schwarz spielt eine bedeutende Rolle in der Kleidergeschichte. Gerade als Nicht-Farbe wirkt sie nicht an sich, sondern stets in Abhängigkeit von dem Hintergrund, auf dem sie wirkt: Je nach Material ist Schwarz einmal stumpf und unauffällig oder schillernd und edel, leises Trauern oder dramatisch-rebellischer Kontrast zum alltäglichen Farbgeplänkel. Entsprechend unterschiedlich sind die Assoziationen, die man mit Schwarz verbindet. Doch lassen sich diese auf zwei, drei Hauptaspekte reduzieren, die untereinander plausible, wenn auch teils verblüffende Verbindungen aufweisen.

Zunächst war ein richtiges Schwarz lange Zeit genauso schwierig herzustellen wie andere Kleiderfarben auch. Auch wenn es nicht ganz so teuer wie der Purpur war, konnten es sich doch nur reiche Leute leisten. Die dunkle Kleidung der Armen war eher ein schmutziger grau-brauner Misch-Masch.

Die reichen Leute der Renaissance dagegen trugen das Schwarz als prächtige Farbe in vielen Nuancen und Stoffen. Der schon erwähnte teure Hochzeitssamt der Lucrezia Borgia ist dafür nur ein Beispiel. Der Kontrasteffekt der schwarzen »Hülle« zur damals vornehmen Blässe – »weiß wie Schnee, schwarz wie Ebenholz« – tat ein übriges, um dem Schwarz zum Image des edlen Luxus zu verhelfen.

Im Jahre 1707 gab es in Venedig gar ein Dekret, das den »Nobili« untersagte, andere als schwarze Kleidung zu tragen.

Am spanischen Hofe Karls des V. verband sich diese Assoziation des Vornehmen mit der von düsterer, asketischer Strenge. Moralische Rigidität, Inquisition, »die Welt als Trauerhaus« sind die damit verbundenen Begriffe. Von da gelangte das Schwarz in die – zeitweise spanischen – Niederlande, wo die puritanischen, dem Arbeitsethos verfallenen Bürger es zum wesentlichen Bestandteil ihrer Uniform machten. Diese neue, aufstrebende Klasse setzte bald überall in Europa das neutrale, schlichte Schwarz gegen den ornamentalen Prunk und Pomp des überkommenen Feudal-Adels.

1787 erschienen zur Wiedereröffnung der Generalstände in Frankreich die Vertreter des Dritten Standes demonstrativ in Einheitsschwarz. Demonstriert werden sollte neben der Absage an den Pomp auch das Gleichheitsprinzip.

So war es nicht mehr weit zur »distinguierten bürgerlichen Uniform« des 19. Jahrhunderts. Neben der Distinktion – unauffällige Eleganz und die ungeschriebenen, aber unerbittlichen Verhaltensregeln ersetzten die offensichtlichen und leicht zu imitierenden Statussymbole – spielt hier auch die Anonymität eine Rolle. Mit der schwarzen Kleidung hat sich der bürgerliche Mann den Erfordernissen der Großstadt angepaßt. Die gleichbleibende, unauffällige Uniform ermöglichte es ihm, in den ständig wechselnden Kontexten seine individuelle Identität zu bewahren und zugleich vor den Aufdringlichkeiten der ständig präsenten Massen geschützt zu sein.

Schwarz ist auch die Farbe der Trauer. Zumindest in Europa. Denn in einigen südlichen Kulturen etwa trauert man in Weiß.

Wann sich das Schwarz bei uns als Trauerfarbe etabliert hat, bleibt bisher im Dunkeln. Einige führen dies auf die Zeit zurück, als die Edlen – wie in Venedig – grundsätzlich Schwarz trugen. Mit die auffälligsten öffentlichen Auftritte großer Gruppen von Vornehmen habe es eben anläßlich von Trauerfällen gegeben, was allmählich auch für andere Schichten zu einer festen Verbindung von Trauer und dunkler Kleidung geführt habe. Insbesondere aber sollen zahlreiche Todesfälle in den europäischen Fürstenhäusern des 18. Jahrhunderts diesen Zusammenhang gefestigt haben.[7]

Sicher ist jedenfalls, daß in dieser Zeit Trauerkleidung und andere Trauerregeln kodifiziert und institutionalisiert wurden.

Im Zeitalter der Distinktion, dem 19. Jahrhundert, gewann diese Institution gerade für die Frauen an Bedeutung. Für sie war nicht nur der Alltag in deutlich abgegrenzte Abschnitte geteilt, auch die verschiedenen Lebensphasen waren deutlich voneinander geschieden. Wenn das Brautkleid einen Einschnitt zwischen Jugend und Ehe darstellte, dann markierte das Trauergewand unmißverständlich den Witwenstand. Die ausgiebigen und aufwendig gestalteten Trauerphasen für Witwen lassen die Frau auch nach dem Tode des Gatten noch als Repräsentationsobjekt des Mannes erscheinen. Queen Victoria, in mancherlei Hinsicht strenges Vorbild, trug nach dem Tod ihres Gatten den Rest ihres langen Lebens Schwarz.

Die Tatsache, daß alte Leute häufiger Anlaß zu Trauer haben, und die geringe Lebhaftigkeit der Farbe Schwarz mag dazu geführt haben, daß heute schwere, schwarze Kleidung generell mit alten Menschen assoziiert wird.

Doch es gibt auch jugendliche, alles andere als konservative Formen schwarzer Kleidung – die allerdings auch auf die Konnotationen Askese und Trauer zurückgreifen. Die schwarze »Protestkleidung« lebt von einer Mixtur aus theatralischer Trauer, edler Askese und der Bürde exklusiven, düsteren Wissens.

Schon die Dandies des 19. Jahrhunderts, Brummell, Byron, Baudelaire, hatten das Schwarz als Markenzeichen ihrer exklusiven, schlichten Eleganz kultiviert.

Martialisches Schwarz:
Feldmarschall
Erwin Rommel

Nach dem Zweiten Weltkrieg pflegten die französischen Existentialisten den schwarzen Dress, der so gut zu ihrer postkatastrophalen Philosophie von Nihilismus und Hoffnungslosigkeit paßte. Juliette Greco war ihre rauchige Heroine. Audrey Hepburn, deren weltweite Volksausgabe, wurde Vorbild für Millionen.

Anfang der achtziger Jahre, nach dem Zusammenbruch der bürgerlichen Fortschrittsideologie, aber auch der großen Gegenutopien, erlebte dieser Stil eine Neuauflage in Gestalt des »Neo-Exis«, welcher vom gefärbten und gelierten Haupthaar bis zu den spitzen Schuhen eingeschwärzt umherstand. Ebenso wie die Dandies und die Existentialisten hatte er nicht unbeträchtlichen Einfluß auf die Massenmode: Schwarz wurde zur dominierenden Modefarbe der Achtziger.

Daß aber selbst Mode-Pioniere zuweilen abkupfern, belegt Simone de Beauvoir, die in ihrem Buch »Der Lauf der Dinge« berichtet, daß die Pariser Existentialisten ihre schwarze Kluft über Capri und die Côte d'Azur aus Italien importiert haben, wo sie letztlich auf die Faschisten zurückging!

Auch diese hatten sich als asketische Elite verstanden. Ihre schwarze Uniform steht allerdings in einer kriegerischen Tradition: Spätestens seit den »Schwarzen Haufen« Florian Geyers, der »Schwarzen Bande« Kaiser Maximilians oder den »Totenkopfhusaren« Friedrichs des Großen hat schwarze Kleidung auch martialische Konnotationen.

Silhouette: Reine Formsache?

Material und Farbe können ihre Wirkung nie für sich entfalten, sie sind stets auch in Form gefaßt. Das Wort Silhouette, das man in der Modebranche dafür verwendet, geht übrigens auf jenen französischen Finanzminister E. de Silhouette zurück, welcher 1759 die Steuern derart drastisch anhob, daß die zur Kasse Gebetenen demonstrativ auf jede Andeutung von Verzierung oder Schmuck an der Kleidung verzichteten. Diesem »Schattenrißeffekt« haftet bis heute der Name Silhouette an.

Über die psychologische Bedeutung der unterschiedlichen Körpersilhouetten, die man mit Hilfe der Kleidung herstellen kann, und die man in unterschiedlichen Epochen und Kulturen bevorzugt, weiß man im Grunde sehr wenig. Wir wollen im folgenden aber zumindest einige relevante Aspekte anführen.

Wir gehen davon aus, daß Menschen bestrebt sind, allem, was sie wahrnehmen, Sinn und Bedeutung zu verleihen, und daß sie dazu Neues stets auf schon bekannte Erfahrungen beziehen.

Damit läßt sich die Ästhetik der Kleidersilhouette auf die Übereinstimmung bzw. Abweichung einer Silhouette von bestimmten für den Betrachter bedeutsamen Grundformen zurückführen.

Diese Grundformen können allgemeine, einprägsame, geometrische Größen sein, Linien, Kreise, Quadrate, Dreiecke, und entsprechende Proportionen und Symmetrieverhältnisse. Hier haben die Psychologen schon recht früh herausgefunden, daß wir dazu neigen, Reizmuster nach solchen Figuren abzusuchen und unvollständige Figuren, wie etwa einen unterbrochenen Kreis, in unserer Wahrnehmung zu ergänzen. Solche Figuren werden als harmonisch und ästhetisch befriedigend erlebt, insbesondere wenn sie symmetrisch und wohlproportioniert sind, also etwa dem goldenen Schnitt entsprechen.

Abweichungen davon werden als aufregend, spannend, aktivierend erlebt; sie motivieren uns zur Ergänzung bzw. Rückführung auf die harmonische Figur.

So kann man zum Beispiel die unterschiedlichen ästhetischen Erlebnisse, die von den Baustilen der Renaissance und des Barock hervorgerufen werden, über ihre jeweiligen Proportionen, Symmetrie- und Winkelverhältnisse erklären.[8] Für Kleidungsstile hat man so etwas noch nicht getan, aber es wäre gewiß den Versuch wert.

Neben den abstrakten, geometrischen Figuren und Proportionen gibt es auch typische, »natürliche« Formen und Größenverhältnisse des menschlichen Körpers: Der Mensch ist einigermaßen achsensymmetrisch gebaut, die Länge des Kopfes beträgt beim Erwachsenen etwa ein Achtel der Körperlänge usw. Die Kleidung kann diese Verhältnisse nachzeichnen oder verzerren. Im ersten Fall wird sie als natürlich, harmonisch, eventuell auch langweilig, im zweiten Fall als ungewöhnlich, artifiziell, interessant oder abschreckend erlebt. Diese Abweichungen vom Natürlichen können ihrerseits wieder auf abstrakte Weise harmonisch sein, weil sie einer harmonischen geometrischen Figur entsprechen. Der Widerspruch zur natürlichen Körperform wird jedoch weiter eine interessante Spannung hervorrufen.

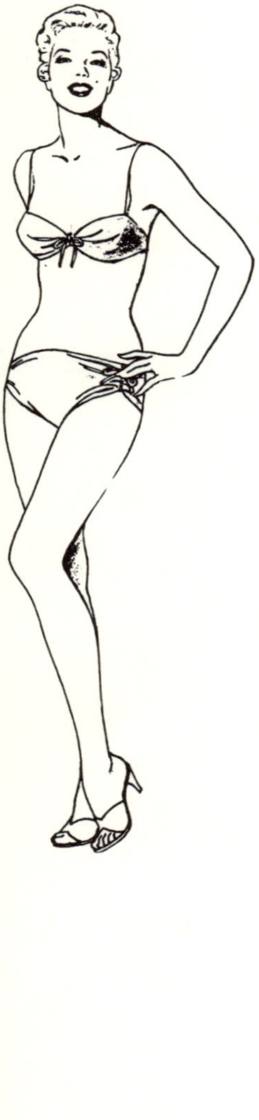

Die kunstvollen, überdimensionierten Hochfrisuren des 17. und 18. Jahrhunderts sind Beispiele für die Veränderung der Proportionen durch die Vergrößerung des Kopfes. In unserer Zeit haben die Punks durch ihre artifiziellen, gefärbten, steilgestellten, teils von asymmetrischen Schneisen durchzogenen Frisuren die natürliche Kopfform auf für viele schockierende Weise konterkarriert.

Die Frisur ist übrigens eine der wenigen, von den meisten akzeptierten Möglichkeiten, den Körper asymmetrisch zu gestalten. So gut wie alle Epochen haben echte Asymmetrien in der Silhouette gemieden.

Es würde hier zu weit führen, detailliert zu untersuchen, weshalb bestimmte Epochen oder (Sub-)Kulturen harmonische oder aufregende, künstliche oder natürliche Silhouetten bevorzugen oder ablehnen. Wir wollen hier nur auf die für bestimmte Moden typische Realisierung zweier von der Ethologie erforschten Körperschemata eingehen.

Konrad Lorenz und andere Verhaltensforscher haben bestimmte Reizmuster identifiziert, welche bei Tieren angeborene, automatisch ablaufende Verhaltensweisen in Gang setzen. Katzen zum Beispiel müssen nicht erst lernen, daß ein Abgrund gefährlich ist. Die Kenntnis des dafür typischen Linienverlaufs ist ihnen ebenso angeboren wie die Reaktion darauf, nämlich Haltmachen. Entsprechend überqueren sie eine Kluft selbst dann nicht, wenn eine darüber gelegte Glasplatte einen sicheren Übergang ermöglichte. Das gleiche gilt übrigens auch für Kleinkinder.

Die Übertragung solcher instinktiv vorprogrammierter Verhaltensabläufe auf menschliches Handeln ist allerdings nicht immer so unproblematisch wie in diesem Fall. Selbst wenn man beim Menschen in einigen Bereichen solche angeborenen Mechanismen unterstellen kann, so werden sie doch durch die menschliche Lernfähigkeit und kulturelle Einflüsse stark relativiert. Ein Kind kann lernen, daß die Glasplatte sicheren Halt geben kann und so über den Schatten seiner angeborenen Mechanismen springen. Auch lassen sich nicht alle der bei Tieren gefundenen Mechanismen auch beim Menschen nachweisen.

Der bekannteste angeborene Auslösemechanismus ist das von Konrad Lorenz entdeckte »Kindchenschema«. Bestimmte äußere Merkmale bei Kindern und Jungtieren rufen bei Erwachsenen »Brutpflegereaktionen« hervor. Diese Merkmale sind bei Mensch und Tier im wesentlichen die folgenden:

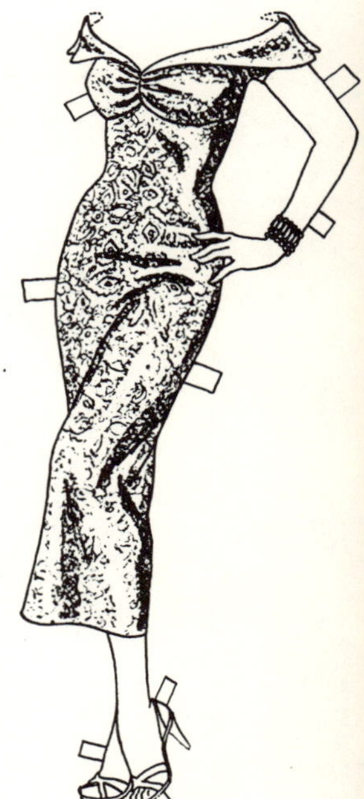

Der Kopf ist rund und im Vergleich zum Rumpf relativ groß, das Gesicht ist im Verhältnis zum Oberkopf relativ klein, die Augen sind groß und rund, die Nase klein und rundlich, die Gliedmaßen relativ kurz.

Die typischen Reaktionen darauf sind bekannt: Man ruft entzückt aus »Ach, wie goldig!« und verspürt starke Tendenzen zum Streicheln und Bemuttern. Die enorme, weltweite Begeisterung für den Panda-Bären läßt sich wohl vor allem darauf zurückführen, daß dieses Tier auch im ausgewachsenen Zustand das Kindchenschema geradezu ideal verkörpert. Verhaltensforscher haben übrigens herausgefunden, daß unsere erweiterten Pupillen untrüglich gesteigertes Interesse verraten, selbst wenn wir uns abgewöhnt haben, solche »Brutpflegerreaktionen« offen zu zeigen.

Ein zweiter, für die Kleidung relevanter Mechanismus ist das sogenannte

»Partnerschema«. Es enthält die typischen biologischen Merkmale des jeweils anderen Geschlechts und ist eng mit dem Sexualverhalten gekoppelt. Das weibliche Partnerschema etwa betont Busen und Po bzw. deren Differenz zur Taille, das männliche dagegen breite Schultern und Brust, lange, kräftige Arme, schmale Hüften und relativ schlanke Beine.

Was das mit Kleidung und Mode zu tun hat?

Die Kleidung kann dazu benutzt werden, solche Merkmale zu betonen oder abzuschwächen, die Mode kann mal das eine, mal das andere Schema

bevorzugen. Dabei kann die Überbetonung der auslösenden Merkmale die Wirkung der natürlichen Reize noch beträchtlich verstärken. Die Verhaltensforscher sprechen dann von einer »überoptimalen Attrappe«. Umgekehrt beeinflußt beim Kulturwesen Mensch aber auch die Mode das, was wir mögen, relativiert also die Wirkung der Schemata.

Man könnte nun die einzelnen Moden daraufhin untersuchen, ob ihr Idealtypus eher kindlich, traditionell weiblich bzw. männlich ist, oder welche Mischformen sie bevorzugen.

Korsett und Krinoline bzw. Tournure im 19. Jahrhundert etwa lassen sich als »überoptimale Attrappe« des weiblichen Partnerschemas auffassen. Die aus der Einschnürung des Körpers und dem gewaltigen Rockumfang resultierende Einschränkung der Bewegungsfreiheit machte aus den Frauen allerdings eher würdevolle Matronen als leichtfüßige junge Mädchen. Nicht einmal Füße schienen diese Damen zu besitzen. In der Karikatur erscheinen sie als ornamentale Büste – im doppelten Sinne des Wortes – auf überdimensionierten Hüften.

Auch die fünfziger Jahre dieses Jahrhundert erlebten eine Blütezeit des Weiblichen. Diors »New Look« von 1947 brachte eine erneute »Kurvenbetonung«, wobei der Meister sogar so weit ging, Busen und Hüften nicht nur durch den Schnitt sondern auch durch Polsterungen hervorzuheben. Ein übriges taten Schuhe mit hohen Absätzen, welche zusätzlich zu einer kurvenbetonenden Körperhaltung führen.

Das Extrem dieser Entwicklung verkörpern die »Sexbomben« der Fünfziger wie etwa Jane Mansfield oder Marilyn Monroe.

Von ihren »sanduhrförmigen« Vorgängerinnen aus dem letzten Jahrhundert unterschieden sie sich durch ihre relative Natürlichkeit und Jugendlichkeit. Sie zeigten Bein. Fleisch, nackte Haut war überhaupt Trumpf. Wenn unterstützend ausgestopft wurde, dann möglichst »natürlich«, nicht steif und stilisiert wie vor hundert Jahren. Als weitere »Waffe« aus dem Arsenal des Partnerschematas benutzten die Sexbomben den Lippenstift. Er macht aus den zum Partnerschema gehörenden volleren Lippen des weiblichen Geschlechts »supranormale Reize«.

Das Kindchenschema strapazierten die Damenmoden der zwanziger und sechziger Jahre. Die Proportionen von Kopf und Rumpf entsprachen denen von Kindern. Die sekundären weiblichen Geschlechtsmerkmale wurden abgeschwächt. Frisur und Make-up ließen den Kopf groß und rund, das Gesicht klein und die Augen groß erscheinen. Der Lippenstift wurde zumindest in den Sechzigern dazu benutzt, die Lippen blasser erscheinen zu lassen. Die in beiden Dekaden beliebten kurzen geraden Hemdkleidchen machten den Rumpf verhältnismäßig kurz und neutralisierten die weiblichen Wölbungen. Die »busenlose« Twiggy war *das* Modell der Sechziger.

Twiggy und Mini-Rock. »Endlos« lange, dünne Beine. Wo beibt da das Kindchen-Schema mit seinen kurzen Tapsbeinchen? Die Silhouette mit langen Beinen und kindlichem Oberkörper entspricht ziemlich genau den Proportionen eines Mädchens in der Vorpubertät. In dieser Phase machen

Androgynität 1926: Karikatur von John Held Jr.

die Beine nämlich gewöhnlich einen Wachstumsschub durch, den der Oberkörper erst später wieder ausgleicht. Twiggy also als vorpubertäres, magersüchtiges Mädchen mit Kindergesicht, die kindlich-naive Jugendlichkeit als Ideal der Zeit. Kein Wunder, daß die Maxi-Mode sich nicht durchsetzen konnte.

Die kindlich-jugendliche Proportionierung galt allerdings sowohl in den Zwanzigern wie in den Sechzigern nicht nur für die Damenmode. Eine zeitgenössische Karikatur zeigt den modischen Mann der Zwanziger ebenso wie sein weibliches Pendant als geschlechtslosen Kindskopf. Auch die »Pilzköpfe« der Männer in den Sechzigern machten einen großen runden Kopf und ein relativ kleines Gesicht.

Wo Kindlichkeit und Jugendlichkeit herrschen, da tun sie das meist auf Kosten des Partnerschemas: In beiden Dekaden war Androgynität Trumpf. Bei der Karikatur von 1926 muß man dreimal hinsehen, um zu erkennen, wer denn nun was ist. Aus den Sechzigern kennt man die Erwachsenenklage, man wisse nicht mehr, wer Männlein und wer Weiblein sei.

In den Achtzigern wird Androgynität nicht mehr über den Umweg ins Kindesalter hergestellt, sondern erwachsen-cool und ironisch-zitierend inszeniert. Die »neue Frau« ist sportlich bis athletisch, trägt eine Jacke mit überdimensionierten Schulterpolstern, aber auch hohe Schuhe. Die Proportionen sind bei ihr, wie auch beim Mann, die eines erwachsenen Menschen: relativ kleiner Kopf, freies Gesicht, »erwachsen« proportionierte Gliedmaßen.

Die Beispiele zeigen, daß solche Schemata in der Mode eine Rolle spielen, daß der Mensch als Kulturwesen ihnen allerdings keineswegs automatisch ausgeliefert ist. Die dem jeweiligen Zeitgeist entsprechenden Werte und Normen modellieren auch die je bevorzugten Körperbilder. Einmal sind wir alle geschlechtslose Erwachsene, ein anderes Mal betonen wir unsere Geschlechtszugehörigkeit, einmal sind wir alle Kinder oder Jugendliche, ein anderes Mal sind nur die Frauen kindlich und die Männer erwachsen, wieder ein anderes Mal mischt die Mode verschiedene Schemata geschickt zusammen und produziert etwa die Kindfrau mit Baby-Face und schwellenden Formen.

Kleider-Leben

Anna, R., Rentnerin, Jahrgang 1903:

»Irgendwann wird alles wieder modern«

Als kleines Kind trug ich immer dicke Zöpfe und ein ganz einfaches Kleid, das meine Mutter selbstgemacht hatte. Damals trugen ja auch noch die Buben etwa bis zum dritten Lebensjahr Kleider. Darunter hatte ich schwarze, lange Strickstrümpfe, die oben mit einem Strumpfband festgemacht waren – Strumpfhosen gab es ja damals noch nicht. Und dazu schwarze Schnürstiefel. Die Sachen wurden von den großen auf die kleineren Kinder weitervererbt, und zwar so lange, bis sie kaputt waren.

Auch als Schulkind hatte man nicht viel zum Wechseln. Einmal zog man eine weiße Schürze über das Kleid, dann eine andere, farbige. So sah man immer ein bißchen anders aus.

Mit zwölf Jahren habe ich einen braunen Rips-Mantel bekommen, den meine Mutter im Winterschlußverkauf erstanden hatte. Der wurde so groß und füllig gekauft, daß er die nächsten Jahre auch noch paßte. Diesen Mantel habe ich später, mit achtzehn Jahren, noch als Jacke getragen.

Anna R. und Vorbild Pola Negri

Mein Konfirmandenkleid war ein feines Kostüm aus schwarzem Samt mit einer Seidenborte, das eine erstklassige Schneiderin gemacht hat. Den Rock trug ich noch, als ich schon lange verheiratet war.

Sonntags hat man sich immer besonders gut angezogen. Ich hatte etwa ein Musselinkleid und einen passenden Hut als »Sonntagsstaat«. Der wurde immer wieder sorgfältig bis zum nächsten Sonntag verpackt, denn die Sachen sollten lange halten. Am Sonntag ging man spazieren und in die Kirche. Die Jugendlichen gingen gerne auf die Kirmes oder in die nachmittägliche Kinovorstellung. Viel mehr Abwechslung gab es in der Kleinstadt damals nicht. Für den Kinobesuch zogen sich alle gut an. Und was gerade modern war, das wußte man auch aus dem Kino.

Als junges Mädchen habe ich mir oft eine neue Frisur gemacht. Ende des ersten Weltkriegs war die Schauspielerin Pola Negri sehr populär. Und ich

habe mir eine Frisur gemacht, wie sie sie hatte: viele kleine gewellte Fransen in die Stirn gekämmt. Meine Mutter hat nur den Kopf geschüttelt und hat gesagt: »Schämst Du Dich eigentlich nicht, was sollen denn die Leute sagen?« Aber ich war stolz auf die Frisur, denn ich wollte etwas Besonderes darstellen.

In den zwanziger Jahren hatte ich mir einen Bubikopf schneiden lassen. Der hat meinem Mann ganz und gar nicht gefallen. Meine erste Dauerwelle hatte ich Ende der Zwanziger. Das war eine große Prozedur: Die Wickler waren aus Metall und sehr schwer. Man hat vier bis fünf Stunden mit den heißen Wicklern auf dem Kopf gesessen – alles wegen der Schönheit.

Als ich verheiratet war, hatte ich schon eine etwas größere Garderobe. Aber richtig teure Sachen konnte ich mir nicht leisten. Aber es gab zu der Zeit ja immer noch Näherinnen, die ins Haus kamen.

Schon als Kind hatte ich, etwa zum Schlittenfahren, Hosen getragen, die mir mein Bruder auslieh. Im Zweiten Weltkrieg trugen viele Frauen, wenn es kalt war und zum Arbeiten, Männerhosen. Man hatte ja auch nichts zum Anziehen. Denn alles, auch Kleidung, war rationiert. Wir haben uns aber etwa damit beholfen, daß wir uns Sachen aus alten Bettüchern nähten. Das eine Photo von mir (. . .) ist typisch für die »Kriegsmode«. Das Kleid hatte ich mir aus einem grau-blauen Stoffrest gemacht. Der Stoff hat aber nicht gereicht, so daß ich für die Ärmel und den Einsatz oben am Hals anderes Material nehmen mußte. Später wurde dann ein Kinderkleid daraus gemacht.

Nach dem Krieg wollten alle etwas Neues haben, aber es gab zunächst wenig Auswahl. Wenn Schuhe, dann nicht zig verschiedene Modelle, sondern eine Machart »Schema F«. Ende der fünfziger Jahre gab es schon ein größeres Angebot, aber das Geld war noch knapp. Aber es gab wieder Hausnäherinnen, die für zwei Mark am Tag Änderungen gemacht oder neue Sachen gefertigt haben. Damals gab es auch die ersten Nylonstrümpfe. Die waren noch recht dick und zunächst nur in Schwarz zu haben.

Man muß schon sein Aussehen dem Alter anpassen. Ich kann ja nicht mehr herumlaufen wie ein junges Mädchen. Man ändert sich ja nicht nur äußerlich, sondern das ganze Wesen ändert sich. Und man folgt auch mit der Kleidung diesen Änderungen, ohne daß einem das so direkt bewußt ist.

Mit der Rocklänge habe ich mich eigentlich immer nach der jeweiligen Mode gerichtet. Aber mit dem Alter werden ja die Beine auch dicker, da kann man nicht mehr jede Rocklänge mitmachen. Früher war meine Lieblingsfarbe Grün. Es hieß immer: »Nehm'se Grün, Fräulein, das hebt.« Jetzt kann ich nicht mehr solche grellen Farben tragen, denn die Farben müssen ja auch zu meinen grauen Haaren passen. Ich trage meine Sachen ziemlich lange. Vieles, was ich früher einmal getragen habe, ziehe ich auch heute noch an. Es lohnt sich, daß man mit der Kleidung sorgfältig umgeht und sie aufbewahrt. Denn irgendwann wird alles wieder modern!

Angelika W., Jahrgang 1950, selbständige Fotografin:

»Ich war oft Trendsetter«

Ende der Sechziger besuchte ich die Höhere Handelsschule in der nächstgrößeren Stadt. Mit meinen Eltern wohnte ich in einem kleinen Dorf. Dort war ich die Außenseiterin, selbst unter den Jugendlichen. Die sagten alle nur: Die mit dem kurzen Rock. Ich trug damals als einzige den »Twiggy-Look«. Twiggy habe ich zuerst in Zeitschriften gesehen und dann ihr Make-up nachgemacht. Meine Freundin und ich haben uns oft gegenseitig geschminkt. Die Minikleider hab ich im Kaufhaus gekauft, und dann noch kürzer gemacht. Ich habe sogar ein »echtes« Twiggy-Kleid besessen, mein ganzer Stolz damals. Meinen Eltern war das natürlich nicht egal, wie ich rumlaufe. Vor allem meine Mutter hat immer wieder herumkritisiert: Muß das denn so kurz sein? Aber meine Eltern konnten sich nicht gegen meinen Geschmack durchsetzen.

Mit 16 fing ich an auszugehen, vor allem zum Tanzen (etwa zu den »Cola-Bällen«). Ab dieser Zeit habe ich mich auch nach meinem eigenen Geschmack angezogen und meine Kleidung selbst gekauft.

Nach der Schule begann ich, als kaufmännische Angestellte zunächst bei einem großen Industrieunternehmen zu arbeiten. Ich war mittlerweile auch von zu Hause ausgezogen und wohnte nun in einer größeren Stadt. Auch im Büro war ich von meinem Äußeren her der Außenseiter, weil ich doch öfters auch ausgefallen angezogen war. Nebenbei arbeitete ich als Fotomodell. Was mein Äußeres betrifft, so hat mich damals schon die »Pop-Zeit« beeinflußt, etwa auch die Ästhetik wie sie in der Zeitschrift »TWEN« vermittelt wurde. Ich trug die Haare lang und glatt, dazu große Sonnenbrillen. Eines meiner Lieblingskleidungsstücke war ein Hosenanzug, blau-rosa mit Sternen. Die Hosen waren weit und unten ausgestellt. Ein echtes Idol war Anfang der Siebziger David Bowie. Ich habe versucht, ihm nachzuspüren. Ich war total fasziniert von seiner Musik, von seinem exzentrischem Aussehen.

Damals habe ich immer noch als Angestellte gearbeitet, hatte aber mittlerweile einen interessanteren Job bei einem Veranstalter für Sprachreisen. Da habe ich die Organisation gemacht und bin viel herumgekommen, vor allem auch nach England.

1975 habe ich endgültig Schluß mit dem Angestelltenleben gemacht. Ich habe mir gesagt: Nie mehr Büro! Meine Eltern haben heftig protestiert: Du gibst alles auf, haben sie gesagt, dabei hast du so gutes Geld verdient. Ich aber habe mir gesagt: Es wird schon irgendwie weitergehen. Ich bin erst einmal nach England gefahren und dort herumgetrampt. Das war meine Aufbruchzeit; ich fühlte mich wie befreit. Während ich vorher oft auch der Arbeitssituation entsprechend angepaßt angezogen war, habe ich mich jetzt burschikoser angezogen. Das hing auch damit zusammen, daß ich mich zu der Zeit, und dann eigentlich einige Jahre lang, nicht sehr weiblich empfunden habe, sondern eher als herberen Typ. Und das ist auch in der Kleidung zum Ausdruck gekommen. Ich habe zum Beispiel fast nur noch Hosen angezogen. Erst seit etwa drei Jahren trage ich auch gerne wieder Röcke.

1977 habe ich angefangen, in einem Fotostudio zu arbeiten. Ich hatte mich vorher schon viel mit Fotografie befaßt. Dieser neue – mehr künstlerische – Wirkungskreis hat sich nicht unmittelbar auf mein Äußeres ausgewirkt, obwohl ich auch viel mit Ausstattung und Styling zu tun hatte. Ich hatte bei meiner Arbeit oft die edelsten Klamotten in den Händen, aber haben wollte ich die nie. Allerdings bin ich doch zu der Zeit mutiger geworden und habe mich manchmal auch extremer angezogen.

Meine Vorliebe für Kleidung aus den fünfziger Jahren stammt auch aus dieser Periode. Ich hatte die »Fifties-Mode« in England entdeckt, lange bevor sie bei uns aktuell wurde, und fand sie einfach witziger und individueller. Immer, wenn ich schräg und ausgefallen aussehen wollte, habe ich »Rock'n'Roll-Klamotten« getragen. Ähnlich erging es mir mit den Schmetterlingsbrillen. Die hatte ich aus Amerika mitgebracht und trug sie als Hommage an die Fifties. Mit meiner weißen Pünktchenbrille war ich fast stadtbekannt, weil derartige Brillenformen hierzulande noch total unüblich waren.

Seit 1983 arbeite ich als selbständige Fotografin. In den letzten Jahren trage ich bevorzugt zeitlose Sachen, vieles in Schwarz und Weiß. Aber mein Geschmack ist nie geradlinig, da muß immer ein Bruch drin sein. Die Details sind mir sehr wichtig. So peppe ich relativ dezente Kleidung mit Accessoires (Anstecker, Broschen, Ketten etc.) auf.

Seit gut drei Jahren trage ich auch wieder gerne Rock. Ich fühle mich einfach weiblicher als früher. Auch längere Haare finde ich wieder schön. So habe ich zeitweise eine »Trümmerfrauenfrisur« getragen, mit einer Tolle oben und gewellten Seitenhaaren. Damit verbinde ich auch die großen Hollywood-Glamour-Filme, zum Beispiel die mit Rita Hayworth. Ab und zu macht es mir Spaß, mich regelrecht zu verkleiden: zum Beispiel die »Audrey Hepburn-Nummer«. Ich weiß, daß ich ein ähnlicher Typ bin, außerdem liebe ich die Hepburn. Ich achte dann darauf, daß die »Verkleidung« ganz perfekt ist. Das entsprechende Kleid habe ich auf dem Speicher gefunden, es stammt aus den Fünfzigern. Und das Make-up muß ganz perfekt sein, mit Rouge und Schönheitsfleck und so.

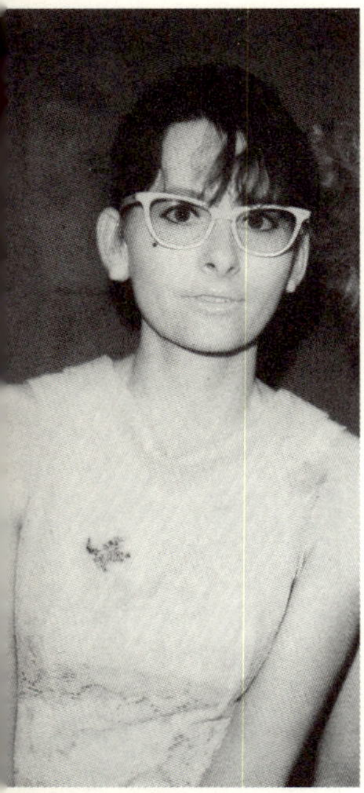

Wie ich mich heute anziehe, hängt ganz von meiner Verfassung ab. Wenn ich beispielsweise ins Theater gehe, dann einmal ziemlich abgerissen, ein anderes Mal mache ich mich sehr zurecht mit hohen Schuhen, elegantem Kleid und gut geschminkt. Es hängt eben ganz von meiner Verfassung ab und nicht vom Anlaß. Wenn es mir gut geht, dann habe ich Spaß daran, mich schön zu machen. Mode ist eben für mich der Ausdruck individueller Gefühle. Ich beobachte die Mode sehr genau und picke mir die wenigen Sachen heraus, die mir gefallen. Bei bestimmten Sachen war ich auch Trendsetter: etwa bei den Schmetterlingsbrillen oder den Fifties-Klamotten. Nachdem man es dann aber so oft auf den Straßen gesehen hat, war es für mich nicht mehr interessant, diesen Stil weiterzuverfolgen.

Ich empfinde es heute als angenehm, daß die Mode so vielfältig ist. Alles ist möglich. Es gibt keine eindeutige Linie, der man folgen könnte: Damit ist die eigene Kreativität gefordert.

Michel M., Jahrgang 1956, Graphiker:

Vom Gammel-Look zum Krawatten-Chic

Als ich 16 oder 17 Jahre alt war, hatte ich immer Probleme mit meiner Mutter wegen der Länge meiner Haare. Aber das hat wohl jeder zu dieser Zeit gehabt. Es gab immer kleine Kräche deswegen. Später hat sich das relativiert. Es gab damals auch ein paar modische die wegen des Widerstands der Eltern unerreicht waren: zum Beispiel eine bestimmte Art von Sandalen, so Jesuslatschen, die ich gerne getragen hätte, dazu ausgestellte Hosen und weite Hemden. Meine Energie ging allerdings in dieser Richtung nie so weit, daß ich alles umgekrempelt hätte, um das zu erreichen.

Die erste Brille habe ich mit 10 Jahren bekommen. Die ersten drei Gestelle waren die üblichen hellen Horn-Kassengestelle. 1974 trug ich eine einfache mit einem leichten Metallrahmen und großen Gläsern. Die habe ich schon selbst ausgesucht; allerdings war da keine Idee dabei, was jetzt an Brillen toll sein könnte. Es gab ja auch noch nicht die große Auswahl.

Nach der Schule habe ich in der Fabrik gejobt. Ich habe damals mit dem KBW sympathisiert. Viele wollten sich damals auch äußerlich dem Proletariat annähern. Kurze Haare waren schick, und ich fand auch, daß es mir stand. Mein damaliger Kinnbart sollte auch nicht direkt Ausdruck einer politischen Standortbeschreibung sein. Ich habe mir den Bart eigentlich wachsen lassen, seit etwas kam. Ich war froh um jedes Härchen. Später habe ich dann immer wieder am Bart herumgeschnitten und alle möglichen Formen ausprobiert.

Seit 1976 spielte ich als Gitarrist mit einer Folkloregruppe, mit der ich auch Platten machte und herumreiste. Ich trug damals die Haare unterschiedlich lang. Zwar wollte ich sie gerne sehr lang haben, aber meine Haare sind zu dünn und werden schnell fettig, wenn sie lang sind. Ich habe immer wieder selbst daran herumgeschnitten und sie gekürzt. Lange Haare waren für mich nicht unbedingt Ausdruck irgendeiner Haltung, die hat sich bei mir eher in der Kleidung ausgedrückt – obwohl ich zu dieser Zeit formuliert habe, daß ich keinen Wert auf Kleidung legen würde. Heute weiß ich aber, daß ich damals schon viel Wert – vielleicht sogar mehr als heute – auf Outfit gelegt habe.

Ich habe zu der Zeit vor allem Sachen vom Flohmarkt oder auch vom Sperrmüll getragen: Halstücher, mal ein Herrenjackett, eine Jeansjacke oder eine Jägerjacke aus Cord, die ich heute noch ab und zu anziehe. Der Second-Hand-Charakter ist sicher deutlich zum Ausdruck gekommen, weil das Sachen waren, die nicht unbedingt modern waren. Ich bin auch mit zerrissenen Kleidern herumgelaufen. Zum Beispiel ein altes Seidenhemd, das ich sehr geliebt habe, und das mir am Ende tatsächlich in Fetzen vom Leib hing. Gewisse Leute habe ich sicher damit auch provoziert. In der Szene, in der ich mich bewegte, gab es auch einen gewissen Austausch von Kleidern so nach dem Motto: Du trägst meine Jacke, ich trage deine Jacke.

1977 habe ich mir die erste runde Brille gekauft. Ich hatte dann im Laufe der Zeit drei bis vier runde Brillen mit dünner Metallfassung in verschiedenen Farben. Das war für mich schon ein zeitgemäßer Ausdruck, das war eine Art Brille, die mir gefallen hat.

Seit 1978 studierte ich Graphik. Durch mein Äußeres – ich trug zeitweise Vollbart – hob ich mich doch ziemlich von den Studienkollegen ab. Das waren eher Leute mit karierten Hemden und Jeans. Bei manchen Dozenten brachte mir mein Aussehen durchaus auch Nachteile ein. Ich trug damals mit Vorliebe immer eine größere Kollektion von »Stickers« an der Jacke. Oft bis zu zehn »Buttons« vom Jugendstil-Engelchen über einen »Greatful Dead«-Anstecker bis zur »Rock against Racism«-Plakette, das war eine echte Ordensschau.

1980 um die Weihnachtszeit nahm ich den Vollbart ab. Ich hatte schon immer die Vermutung, daß ich etwas mondgesichtig bin. Das hat sich nun bestätigt. Ich habe daraufhin alle Verabredungen abgesagt und bin etwa eine Woche lang nicht mehr aus dem Haus gegangen, damit mich niemand zu Gesicht bekam.

Ich leistete ab Ende 1982 meinen Zivildienst. Lange Haare haben mir damals nicht mehr so gefallen: Meine Haare wurden allmählich kürzer bis ziemlich kurz. Auch der Bart wurde immer mehr ausgedünnt. Zunächst trug ich einen Spitzbart, dann nahm ich den Schnauzer ab. Als ich 1984 in einer Werbeagentur anfing, hatte ich nur noch ein kleines Unterlippenbärtchen. Irgendwann hatte ich mich an mein Gesicht gewöhnt, an mein Kinn und alles und den letzten Bart-Rest abrasiert. Seither habe ich nicht mehr das Bedürfnis gehabt, Bart zu tragen.

1982 habe ich – eher aus Zufall – eine neue Brillenform ausprobiert. Diese Brille besitze ich inzwischen in rot und in blau. Meine Mutter mochte die runden Brillen früher nicht sehr, weil die für sie zum »Gammel-Look« gehörten und zu studentenmäßig aussahen. Meine rote Brille mag sie, obwohl das Modell doch recht extravagant ist. Ein knappes Jahr, nachdem ich die rote Brille gekauft hatte, war ich in Berlin bei den Filmfestspielen, da liefen plötzlich zwanzig Männer mit roten Brillen rum. Da hab ich mir doch einmal kurz überlegt, ob ich sie noch weiterhin aufsetzen soll. Aber es kommt eigentlich nicht darauf an, ob die anderen dasselbe tragen wie ich, ausschlaggebend ist, daß die rote Brille für mich etwas Besonderes darstellt.

Heute bevorzuge ich eine relativ unauffällige Kleidung mit kleinen i-Tüpfelchen: zum Beispiel eine witzige Krawatte zu einem Anzug in gedeckter Farbe. Auch meine Brillen oder ausgefallene Schuhe können die i-Tüpfelchen-Funktion erfüllen. Seit etwa zwei Jahren mag ich sehr gerne ganz schmale Krawatten mit schönen Mustern. Mittlerweile habe ich schon eine richtige Schlipse-Sammlung. Eigentlich widerspricht Krawattentragen meinem Bequemlichkeitsanspruch, aber in bestimmten Situationen fühle ich mich mit Krawatte einfach korrekter angezogen. Das wirkt sich dann auf mein Verhalten oder meinen Arbeitsstil aus.

Topmodisch bin ich sicher nicht. Es ist auch schwer, in meiner Größe modische Sachen zu bekommen. Darüber hinaus habe ich ohnehin einen Hang zu klassischer Kleidung.

Mein traurigstes Erlebnis mit der Mode hatte ich vor langer Zeit, als meine rostroten Lieblings-Cordhosen durchgescheuert waren, und ich Ersatz besorgen wollte. Ich hatte die alte Hose mitgenommen und sagte: »Ich möchte genau so eine Hose.« Darauf die Verkäuferin: »Das Modell gibt es schon seit zwei Jahren nicht mehr. Die Farbe ist überhaupt nicht mehr in Mode, und die Hosen sind jetzt unten ganz ausgestellt.«

Die Macht der Mode

Warum wir mit der Mode gehen

»Die vielbelächelten Torheiten der Mode . . .,
die den Menschen ein Jahr lang verlängern
und in einem anderen Jahr verkürzen,
die ihn dick machen und dünn,
die ihn bald oben breit und unten schmal,
bald oben schmal und unten breit machen,
die in einem Jahr alles an ihm empor
und im nächsten alles wieder bergab kämmen,
die seine Haare nach vorn und hinten, rechts und links streichen.
Werden auch noch die Moden des Denkens, Fühlens und Handelns einbezogen,
von denen ähnliches gilt, so erscheint unsere Geschichte . . .
kaum anders als ein Pferch,
zwischen dessen wenigen Wänden
die Menschenherde besinnungslos hin und her stürzt.
Und doch, wie willig folgen wir dabei den Führern . . .
Und welches Glück grinst uns doch aus dem Spiegel entgegen,
wenn wir Anschluß haben,
aussehen wie alle,
und alle anders aussehen als gestern!
Warum das alles?
Vielleicht befürchten wir mit Recht,
daß unser Charakter wie ein Pulver auseinanderfallen könnte,
wenn wir ihn nicht in eine öffentlich zugelassene Tüte stecken.«

Robert Musil

Wie eine untreue Geliebte wird sie angeschmachtet oder angeklagt. Die Mode. Man ist ihr hörig, rennt ihr hinterher oder mit derselben Vehemenz davon, um doch wieder in ihren Armen zu landen. Wer behauptet, sie lasse ihn gleichgültig, schwindelt oder macht sich etwas vor. Sylvia Bovenschen[1] hat treffend die vergeblichen Mühen eines

1630

1675

1690

1750

aufrechten »68ers« beschrieben, der verachteten, bourgeoisen Mode zu entkommen. Der permanente Versuch, ja nicht modisch zu erscheinen, kostet diesen Unbestechlichen exakt den gleichen Aufwand wie den Modenarren, der um jeden Preis modisch sein will. Denn wer seine Cord-Jeans mit Elefantenschlag aus den frühen Siebzigern einfach weitertragen will, um vor der Mode seine Ruhe zu haben, sieht sich alsbald zu unvorhergesehenen Anpassungsleistungen genötigt. Angesichts der überall um ihn sprießenden knöchelengen Karottenhosen, fällt unser Unauffälliger plötzlich unangenehm auf. Als fossiler Exot steht er ständig im Mittelpunkt: Die Mode zwingt ihn, sich mit ihr zu befassen. Bleibt er standhaft, muß er nach ein paar Jahren feststellen, daß seine Jeans plötzlich wieder »in« sind, und er rumläuft wie all die Modegecken. Um das eine wie das andere zu vermeiden, muß er sich regelmäßig neue, jeweils unauffälligere Jeans zulegen. Was ihn, wie gesagt, genausoviel Aufwand kostet wie den Modenarren. »Besser ist es aber doch immer, ein Narr in der Mode als ein Narr außer der Mode zu sein«, sagt dazu schon Kant.

»Die Mode ist ein periodischer Stilwechsel von mehr oder weniger zwingendem Charakter«, sagt das Lexikon. Wie aber läßt sich erklären, warum die Mode solchen Zwang ausübt, warum wir diesen unaufhörlichen Wandel produzieren bzw. mitmachen, und wie das im einzelnen vor sich geht.

Nichts leichter als das, haben schon viele gerufen und viele verschiedene Deutungen auf den Laufsteg der wissenschaftlichen und pseudowissenschaftlichen Kreationen geschickt. Die Mode ist ein Laster, ein »allmodischer Kleyderteuffel«, mit dem unchristliche und undeutsche Mächte aus dem welschen Frankreich uns zu versuchen trachten, wußte man schon im 16. Jahrhundert.[2] Die Mode ist »aus dem Wesen der kapitalistischen Wirtschaftsverfassung zu erklären: Eine Aufgabe, deren Lösung nunmehr nicht die geringsten Schwierigkeiten bereitet«, verkündete der Nationalökonom Werner Sombart[3] um die Jahrhundertwende. »Man könnte sich durchaus eine Maschine vorstellen, die Mode macht«, versicherte in den turbulenten Endsechzigern der »Zeichenjongleur« Roland Barthes.[4]

Diese Liste mit widersprüchlichen, eindimensionalen Erklärungen ließe sich noch gehörig verlängern. So brillant sie zum Teil auch sein mögen, die meisten von ihnen treffen nur einen Aspekt dieses schillernden Phänomens Mode. Und sind oft genug ihr Opfer: Viele Erklärungen – so können wir mit etwas zeitlichem Abstand feststellen – sind selbst Ausdruck von Mode. Aus ihnen sprechen die Vorlieben und Vorurteile ihrer Zeit und ihrer Klasse.

Das mag uns heute genauso gehen, aber wir können manches Fettnäpfchen vermeiden, wenn wir einsehen, daß dieses heute die ganze Gesellschaft durchziehende Phänomen Mode nicht mit einem simplen, eindimensionalen Modell zu erklären ist, und daß wir von einer befriedigenden Erklärung noch ein gutes Stück entfernt sind.

Daß Mode mehr oder minder schnellen Wandel bedeutet, ist eine Binsenweisheit. Doch warum wollen wir diesen andauernden »Wandel um des Wandels willen«, warum folgen wir einer Mode, einfach weil sie neu ist?

Eine gängige Vorstellung vom gesellschaftlichen Wandel geht davon aus, daß Auffassungen, Lebensweisen, Technologien, die zu einer bestimmten Zeit für optimal gehalten werden, über Bord geworfen werden, sobald ein besseres Modell auftaucht: Das ptolemäische Weltbild wird aufgegeben, wenn man weiß, daß die Erde sich um die Sonne dreht, die Monarchie wird von der Demokratie abgelöst, wie die Pferdekutsche vom Auto. Solange man nichts Besseres hat, bleibt man beim alten. Diese Auffassung von Veränderung stößt schon im technischen Bereich auf gewisse Schwierigkeiten: Ist ein Atomsprengkopf wirklich besser als eine Steinschleuder, ein schnurgerader Kanal besser als das krumme Flüßlein, das er ersetzt? Im sozialen Bereich und besonders in dem der Kleidung, hilft uns eine solche Auffassung schon gar nicht weiter. Wenn sie zuträfe, würden wir alle schon längst in den praktischen Einheitskluften herumlaufen, die uns »Kleidungsreformer« schon seit Jahrhunderten andienen wollen, und diese so lange tragen, bis sie uns vom Leibe fallen. Diese Vorstellung entspricht dem eingangs schon diskutierten »Nützlichkeitsprinzip« der Kleidung. Es kann nicht erklären, warum wir uns einmal dazu hinreißen lassen, den Körper in Korsetts zu schnüren, dann wieder frei atmen zu lassen, einmal nur Männer mit Bart ertragen, dann wieder nur glattgeschabte Wangen. Ebensowenig kann es erklären, warum wir das neue, nur in einer Nuance vom alten differierende Sakko dem vertrauten vorziehen.

1790

1810

1825

1880

Der Mensch scheint eine Neigung zum Neuen, zum Wechsel in sich zu tragen, die ihn, unabhängig vom Nutzen oder Schaden einer Neuerung, immer wieder das Neue suchen und bevorzugen läßt.

Vom psychologisch-ästhetischen Standpunkt spielt hier sicher der Begriff der Sättigung eine Rolle: Wir haben das Alte satt und sehen uns nach Neuem um. Unsere Lieblingsspeise schmeckt uns auch nicht alle Tage. Wissenschaftler haben Versuchspersonen ausgiebig deren Lieblingsfarben gezeigt und herausgefunden, daß bald eine andere Farbe favorisiert wurde. Weitere Grundmotive modischen Verhaltens sind Neugier und wohl auch ein gewisser »Spieltrieb«, die man in allen Kulturen und Zeiten, auch schon bei Kindern und bei Tieren findet.

Aber das allein macht noch keine Mode. Mensch und Mode entwickeln sich im Kontext gesellschaftlicher Veränderungen. Die Mode gewinnt überall da besondere Bedeutung, wo diese Veränderungen besondes rasch und undurchschaubar vor sich gehen, also gerade auch in den westlichen Gesellschaften des 19. und 20. Jahrhunderts.

Kein Wunder, daß Modetheoretiker die Mode häufig als bloßen Auswuchs der kapitalistischen Industriegesellschaft gesehen haben. Diese Auffassung ist zu simpel, und insbesondere die Behauptung, Mode sei allein das Werk profitsüchtiger Produzenten und ihrer Werbemanipulatoren, nicht haltbar. Eine Eigenheit der Industriegesellschaft kommt der Mode allerdings enorm entgegen: die ungeheure Beschleunigung, die ihre Entwicklung seit dem 19. Jahrhundert genommen hat.

Der Mensch ist auf eine durchschaubare und erklärbare Umwelt angewiesen, um handeln zu können. Er muß komplizierte und undurchsichtige Phänomene auf anschauliche Zusammenhänge reduzieren und Neues auf Bekanntes zurückführen. Alles Neue muß er sich erst aneignen, um mit ihm leben zu können.

Roland Barthes hat beschrieben, wie 1955 beim Pariser Autosalon der damals absolut futuristische »Citroên DS« von den Besuchern in die eigene Erfahrung integriert wurde: »Es scheint, daß das Publikum die Neuartigkeit der Themen ... auf großartige Weise begriffen hat ... In den Hallen wird der Ausstellungswagen mit liebevollem, intensivem Eifer besichtigt. Es ist die große Phase der tastenden Entdeckung, der Augenblick, da das wunderbare Visuelle den prüfenden Ansturm des Tastsinns erleidet ...; das Blech, die Verbindungsstellen werden berührt, die Polster befühlt, die Sitze ausprobiert, die Türen werden gestreichelt, die Lehnen beklopft ...«[5]

Eine derart handgreifliche Aneignung kann sich der Mensch immer weniger leisten. Zu viele, zu abstrakt-ferne Neuheiten – Objekte, Auffassungen, gesellschaftliche Strukturen – stürzen immer schneller quasi aus der Zukunft in seine Gegenwart, die ihm kaum die Möglichkeit läßt, die Vergangenheit zu verarbeiten, erfordern von ihm ständig neue Anpassungsleistungen bei immer weniger Orientierungsmöglichkeiten.

Die Mode mit ihrer anschaulichen Betonung des Gegenwärtigen als des Neuesten gibt dem Menschen dabei eine Hilfestellung, indem sie Ordnung in eine undurchschaubare und immer schneller in eine ungewisse Zukunft rasende Gegenwart bringt. Sie dient dazu, den Griff der Vergangenheit zu lockern, Bewußtsein und Handeln für Neues freizusetzen und den Menschen damit unmittelbar auf die Zukunft vorzubereiten.[6] Sie reduziert die unzähligen Möglichkeiten der Veränderung auf einige wenige sinnfällige, die man anschaulich demonstriert bekommt und selbst in einer Art Probehandeln realisieren kann. Auf diese Weise versichert man sich einer unsicheren, nicht faßlichen Gegenwart und holt sich zugleich die noch ungewissere Zukunft in eine anschauliche Form.

Wer die alte Kleidung in den Schrank hängt und in eine neue modische Hülle schlüpft, der sieht im Spiegel, daß er auf der Höhe der Zeit ist, daß er den Ansprüchen der Gegenwart genügt und auf dem Weg in die Zukunft ist. Die Tatsache, daß die anderen das Gleiche tun, gibt ihm die Gewißheit, auf dem richtigen Weg zu sein. Um nicht ganz in diesen anderen aufzugehen, um seine Individualität zu bewahren, trägt er die Mode auf seine persönliche Weise. So macht uns die Mode zu Selbstdarstellern, die sich und anderen permanent bezeugen, daß sie auf jeweils einzigartige Weise dazugehören und auf dem richtigen Weg in die Zukunft sind.

Somit scheinen wir für den modischen Wandel als solchen ausreichend motiviert. Was aber bestimmt den Inhalt einer einzelnen Mode? Weshalb trägt man zum Beispiel die Haare zu einer bestimmten Zeit lang, zu einer anderen kurz?

Um das erklären zu können, müssen wir zunächst zwischen Stil und

Mode unterscheiden. »Stil« definiert das Konversationslexikon als bestimmte Art, sich künstlerisch auszudrücken, also zu malen, zu schreiben, zu komponieren. Doch auch die für eine Person oder Gruppe typische Lebensweise wird als Stil bezeichnet. Einen Aspekt solcher Lebensstile bilden Kleidungsstile.

Kleidungsstile von Gruppen nennt man häufig auch »Moden«. So spricht man beispielsweise von der »Punk-Mode«, wenn man den Kleidungsstil der Punks meint.

Im Gegensatz zur Mode sind solche Stile aber langlebig. Denn sie sind fest in der Geschichte und in den spezifischen Lebensbedingungen der Person oder Gruppe verwurzelt. »Stil heißt, genau zu wissen, wer man ist, und dazu zu stehen«, sagt der englische Romancier Quentin Crisp.

Eine Mode ist nun weniger der Stil oder Stilwandel einer Gruppe als ein die ganze Gesellschaft durchziehendes, die einzelnen Gruppenstile aber unterschiedlich berührendes Phänomen. Dabei werden jeweils bestimmte, für die aktuellen Ziele und Konflikte der Gesellschaft typische Stilmerkmale aufgegriffen und nach und nach von den verschiedenen Subkulturen der Gesellschaft übernommen.

Bestimmte Subkulturen spielen bei diesem Prozeß die Rolle der Kreateure oder Vorreiter und liefern der Mode die Stilmerkmale. Die Mode löst diese Merkmale dann von ihrer ursprünglichen, mit den Lebensbedingungen ihrer Schöpfer verbundenen Bedeutung. So können diese Merkmale dann auch von anderen Gruppen übernommen und an ihren eigenen Stil angepaßt werden. Alle Gruppen folgen der Mode, aber auf unterschiedliche, jeweils ihrem Stil entsprechende Weise.

Eine Modetheorie müßte nun erklären, welche der Gruppen zu einer bestimmten Zeit modeführend sind, und warum bzw. wie eine Mode in der Gesellschaft von anderen Gruppen aufgegriffen wird.

Für den Soziologen Georg Simmel ist die Spannung zwischen dem Bedürfnis nach »sozialer Anlehnung« und dem Bedürfnis nach »Absonderung« Ursprung und Motor des Modeverhaltens.[7] Modischer Wandel kommt nun dadurch zustande, daß eine gesellschaftliche Gruppe bestrebt ist, sich von anderen abzugrenzen, und diese anderen sich zugleich bemühen, erstere nachzuahmen.

Aus diesen Überlegungen – kombiniert mit Thorstein Veblens »Theorie der feinen Leute«[8] – entstand Anfang dieses Jahrhunderts ein heute noch gerne verwendetes Modell vom Modewandel, das am Modegeschehen des 19. Jahrhunderts exemplifiziert wurde:

Die reichen Bürger, die anders als der vor ihnen herrschende Feudal-Adel arbeiten – als Unternehmer, hohe Beamte und dergleichen – bringen dies in ihrer vergleichsweise schlichten, dunklen, funktionalen Kleidung zum Ausdruck. Zugleich drängt es sie aber auch, ihren Status zu demonstrieren, den sie anders als ihre Vorgänger nicht ihrer Geburt, sondern allein ihrem erwirtschafteten Reichtum verdanken. Den also müssen sie zur Schau stellen. Das tun sie reichlich: mit Prunkbauten, mit neuen, nur dem Geld verpflichteten Klassensystemen wie etwa bei der Eisenbahn, wo man – je nach Geldbeutel – erster, zweiter, dritter oder vierter Klasse fahren kann, usw. Nur im Kleidungsbereich können die Herren dieser Schöpfungen nicht selbst protzen. Ihre Tätigkeit verbietet ihnen prunkende Kleidung. Also übernehmen ihre Frauen diese Aufgabe. Sie arbeiten nicht, sondern herrschen im Hause über die Schar der Dienstboten. In ihren engen Korsetts und den gewaltigen Krinolinen könnten sie auch weder arbeiten noch ohne Personal auskommen. Die Frauen der Reichen übernehmen sozusagen stellvertretend für ihre schlichten Männern den demonstrativen Prunk. Sie manifestieren den Status ihrer Gatten durch »demonstrative Verschwendung« und »demonstrativen Müßiggang« und ermöglichen so ihren Männern, es darin dem alten Feudal-Adel gleichzutun, ohne von ihrem bürgerlichen Weg in die Industriegesellschaft abzukommen.

Die mittleren Schichten mit ihrem Hang zum Höheren ahmen die modischen Errungenschaften der Elite nach und veranlassen diese wiederum, sich erneut mit neuen Moden abzuheben. Wenn also die weniger feinen Damen sich einen Reifrock wie die feinen Damen zugelegt hatten, mußten diese sogleich eine noch weitere oder wieder eine weniger ausladende Krinoline tragen, was wiederum von den statusniederen Damen imitiert wurde usf. Der ganze Reigen wiederholt sich eine Stufe tiefer zwischen den mittleren und den unteren Schichten. Dieser Mechanismus von Nachahmung und Abgrenzung also, der seine Energie aus dem Gefälle zwischen den Klassen bezieht, hält die Mode in Gang und treibt sie unaufhörlich zu neuen Irrungen und Wirrungen.

Dieses sogenannte »Tröpfelmodell« – die Mode »tröpfelt« von der Spitze der gesellschaftlichen Pyramide auf immer breitere untere Schichten – mit seiner Betonung von Status und Prestige und dem Primat ökonomischer Faktoren war eine recht treffende Beschreibung für die Situation im 19. Jahrhundert.

Zwei wesentliche Aspekte der Mode lassen Tröpfelmodell und Verschwendungstheorie allerdings außer acht:

Zum einen können sie nicht erklären, warum die Mode diese oder jene Form annimmt. Alle modischen Ausdrucksformen sind für sie im Grunde in sich sinn- und bedeutungslose Auswüchse der Abhebungs- bzw. Verschwendungstendenz. Kein Wunder, daß Simmel klagte: »So häßliche und widrige Dinge sind manchmal modern, als wollte die Mode ihre Macht gerade dadurch zeigen, daß wir ihretwegen das Abscheulichste auf uns nehmen.«[9]

Wir glauben allerdings, daß auch die »häßlichsten und widrigsten« Modeerscheinungen inhaltlich etwas über die Kultur aussagen, die sie hervorgebracht hat. Wenn die Damen des 19. Jahrhunderts sich mit ihren Korsetts unter Qualen so den Leib zerschnürten, daß ihre untere Hälfte ihnen schließlich völlig fremd vorkommen mußte, sagt das weniger über ihre »Abhebungstendenz« etwas aus als über das Verhältnis dieser Zeit zum Körper. So ist es auch kein Zufall, daß um dieselbe Zeit der berühmte Dr. Schreber, Erfinder der gleichnamigen Gärten, Orthopäde und Gesundheitsreformer, seine Kinder in bester Absicht in wahre Foltergeschirre steckte, die ihnen eine gerade Körperhaltung verschaffen und das Masturbieren unmöglich machen sollten.

Heute dagegen haben wir ein anderes Körperbewußtsein. Sexuelle Liberalisierung und Emanzipation der Frau haben sich auch auf das Körperbild und die Kleidung ausgewirkt. Die Frauen in den Body-Building-Studios bearbeiten ihren Körper nicht, um ihn zu verdrängen, sondern um ihn bewußt zu erleben und zu kultivieren. Und sie kultivieren ihn auf eine Weise, die zuvor nur dem Mann zugestanden wurde. Der Idealkörper der modernen Frau ist androgyn, schlank und athletisch.

Entsprechend ist die Kleidung heute nicht mehr starre Gußform für einen schwächlichen, amorphen Leib, sondern leichte, spielerische Hülle für die narzißtische Performanz eines vitalen, aktiven »body«. Und sie ist ebenfalls androgyn. Die jeweiligen Erscheinungsformen der Mode sind also nicht bloß hohle Auswüchse ohne tiefere Bedeutung, sondern sagen stets etwas über die Normen und Werte einer Epoche aus.

Das Tröpfelmodell läßt weiter außer acht, daß auch schon im 19. Jahrhundert Moden nicht von den oberen Schichten selbst kreiert wurden. Vorreiter waren vielmehr »Randexistenzen« wie der Dandy oder die Kokotte, die aufgrund ihrer Lebensbedingungen expressive und experimentierfreudige Stile entwickelten, welche das geschmacksunsichere Bürgertum dann in entschärfter Form adaptieren konnte.

Der französische Historiker Philippe Perrot hat diese Vorreiter-Rolle der »demi monde« für die »grand monde« am Beispiel der Kokotte detailliert beschrieben und belegt.[10] Die Kokotten, jene Pariser Lebedamen, die von wohlhabenden Männern ausgehalten wurden, waren Frauen »ohne Herkunft«, das heißt, sie kamen aus einfachsten Verhältnissen, waren vom Land in die Metropole gekommen oder wie die sogenannten »cocodettes« wegen eines Skandals aus der feinen Gesellschaft verstoßen worden.

In jedem Fall konnten sie sich nicht auf eine gewachsene Identität, auf einen festen Platz in dem so sauber geschiedenen Klassensystem stützen. So mußten sie ihre Identität jeden Tag aufs Neue definieren und behaupten. Dazu diente ihnen ein expressiver und experimentierfreudiger Kleidungsstil. Dieser Kleidungsstil war zugleich Mittel und Zweck ihrer Existenz. Nur durch aufsehenerregende, extravagante, originelle Erscheinung konnten sie in den Theatern oder bei den großen Pferderennen die Aufmerksamkeit potentieller wohlhabender Gönner auf sich ziehen. Denn zur geschlossenen Gesellschaft der feinen Salons und Empfänge hatten sie keinen Zugang.

Wenn sie einen solchen Gönner hatten, bestand ihre gesellschaftliche Aufgabe darin, durch ihre luxuriöse Existenz und Aufmachung dessen Prestige zu demonstrieren.

In den Theatern, auf den Promenaden der Champs-Elysées oder des Bois de Boulogne, bei den Rennen von Longchamps, stellten die Kokotten ihre neuesten Kreationen zur Schau. Eine dieser Kreationen war in den sechziger Jahren des letzten Jahrhunderts die »Tournure«, eine Unerhörtheit zunächst, welche dann aber die lange Mode der Krinoline ablöste. Die Tournure war dabei nichts weiter als eine »halbierte« Krinoline. Die vordere Hälfte des Rockes konnte dabei wieder einigermaßen gerade fallen, während die hintere weiterhin betont wurde.

Die Damen der feinen Gesellschaft beobachteten solche Gewagtheiten bei den genannten Gelegenheiten sehr genau, empörten sich zunächst darüber, liefen aber bald zu den Couturiers und ließen sich dann den neuen Stil nachschneidern. In einer dezenteren, distinguierten Version allerdings. Denn der bürgerliche Geschmack gestattet es ebensowenig, an der Spitze der modischen Bewegung zu stehen wie ihr hinterherzuhinken.

Nachdem nun Damen der feinen Gesellschaft die neue Mode im Wortsinne »salonfähig« gemacht, das heißt entschärft und mit Status kombiniert hatten, konnte sie ihren Zug durch die verschiedenen Schichten bzw. hinaus in die Provinz antreten.

Die Kokotten konnten diese Vorreiter-Rolle deshalb spielen, weil sie, so paradox es klingt, die zentralen Konflikte, Ängste, Identitätsprobleme der gesamten bürgerlichen Gesellschaft erlebten und verkörperten wie keine andere Gruppe: Wie das Bürgertum als Klasse verfügten sie über keine Tradition, wie diese mußten sie ihre Identität erst finden und behaupten. Wie keine andere Gruppe der weiblichen Bevölkerung verkörperten sie das Prinzip des stellvertretenden, demonstrativen Müßiggangs und der demonstrativen Verschwendung. Andererseits nahmen sie, mit ihrer Stellung zwischen den Klassen, die kommenden Entwicklungen schon vorweg.

Denn die Grundpfeiler des von der Distinktion bestimmten bürgerlichen Klassensystems – starke Barrieren zwischen den Klassen, zwischen Mann und Frau, zwischen Arbeit und Freizeit, zwischen Stadt und Land – werden in den Jahrzehnten um die Jahrhundertwende immer poröser. Die damit einsetzende Demokratisierung der Mode verdankt sich den neuen, billigen Massenproduktionsformen, der rasanten Entwicklung großstädtischer Lebensformen, der Transportmittel und der Kommunikationsmedien, kurz, überhaupt der enormen Beschleunigung der technischen und gesellschaftlichen Entwicklung.

Erfindungen wie die des Dampfwebstuhls oder der Nähmaschine ermöglichten schon im 19. Jahrhundert die billige, massenhafte Produktion von Kleidungsstücken, welche wiederum neue Verkaufsformen erforderlich machten. Mit den »Bon Marchés« entstanden Kaufhäuser, die den Großstädten nicht nur ein großes, häufig wechselndes Angebot an Kleidung brachten, sondern auch neue Möglichkeiten, diese öffentlich zu präsentieren: »shopping«, »window-shopping«, eine neue Art des Promenierens. Die Massen drängten sich auf den Straßen, in Passagen, in Verkehrsmitteln.

Der einzelne, meist aus der festgefügten, überschaubaren Ordnung der dörflichen Gemeinschaft in die Metropole gespült, war hier nur noch entwurzeltes, orientierungsloses, anonymes Atom unter Tausenden seinesgleichen.

In ständig wechselnden Situationen inmitten immer anderer Unbekannter bot sich ihm einzig seine Individualität als Konstante, als Überlebenshilfe im Strom der Massen und wechselnden Kontexte. Die relativ schlichte Kleidung der Männer und zunehmend auch der Frauen erfüllte dabei eine wichtige Doppelfunktion: einerseits als für jede Situation angemessene, unauffällige Tarnung, als Schutz der Individualität gegen die Aufdringlichkeit der anderen, andererseits als subtile Darstellung und Vergegenständlichung der Identität, die in Accessoires und Tragweisen verlagert wurde. Gruppenzugehörigkeit und gesellschaftliche Position wurden dabei nicht mehr durch deutlich sichtbare Zeichen, sondern durch unauffällige »Indizien« signalisiert: Nicht das Tragen einer Krawatte etwa verriet den Gentleman, sondern nur die Art des Knotens.[11]

Orientale

Die Verbreitung der Fotografie unterstützt diese Entwicklung zur Individualität und Selbstgestaltung, indem sie dem einzelnen sein Bild vor Augen hält und seine Gestaltung, seine Selbstdarstellung als gemacht und als machbar ins Bewußtsein rückt. Die Massenmedien, zunächst Zeitschriften, Magazine, später Film und Fernsehen liefern dazu die Vorbilder. Und das schneller, einheitlicher und weitreichender als die einst langsam durch Europa wandernden »Mode-Tableaus« oder Kleiderpuppen. Das Auge erringt damals seine Sonderstellung als Organ der Moderne.

Alla Byron

Freizeit und Massenproduktion ermöglichen die Entwicklung von »populärer Kultur«. Die Mode gehört ebenso dazu wie Fotografie, Sport, Musik oder Film. Zwischen allen bestehen innige Wechselbeziehungen. Die Mode holt ihre Vorbilder und Anregungen aus allen Bereichen, entwickelt sich aber als eigenständige Ausdrucksform. Schon Charles Frederick Worth, in der zweiten Hälfte des letzten Jahrhunderts der erste Modeschöpfer und »Modediktator«, verstand sich als Künstler.

Irlandese

Die neue Klasse der jungen »white-collar«-Arbeiterinnen, die ihr Geld in den Kaufhäusern und Büros verdienten, betrachteten die von ihnen gekaufte, städtische Kleidung als Ausdruck ihres neuen Selbstbewußtseins, aber auch als Freizeitkultur. Zunächst nur korsettschnürende Verkaufskräfte ihrer wohlhabenden, sich in der Illusion aristokratischer Bedienung sonnenden Kundinnen, wurden sie bald zu Vorbildern dieser im demonstrativen Prunk stehengebliebenen Müßiggängerinnen. Den Anschluß an die Moderne haben diese Damen dann mit den revolutionären Kollektionen Coco Chanels geschafft, die in den Zwanzigern mit ihrem vom Sport beeinflußten »poor look« sozusagen eine feine Version der Arbeitskleidung, das heißt eine dem großstädtischen Leben angepaßte Damenmode einführte.

Neben der »Elite« sind seither immer mehr gesellschaftliche Gruppen sichtbar geworden, die aktiv den Weg der Mode beeinflussen: der Mittelstand ebenso wie Randgruppen ohne Prestige und Status. Stilschöpfer und Vorreiter einer Mode sind dabei vor allem solche Randgruppen, die zum einen die zentralen Konflikte und Identitätsprobleme der Gesellschaft intensiver erleben und verkörpern als andere Gruppen, und zum anderen aufgrund ihrer Lebensbedingungen dazu neigen, ihre Identität durch einen expressiven Kleidungsstil zu manifestieren.

Die Stile solcher Randgruppen also liefern der Mode ihre jeweiligen Ausdrucksformen. Daß diese Gruppen von der Mehrheit der Gesellschaft, also auch von der Mehrheit der Modeübernehmer eher abgelehnt werden, tut dabei ihrer Führungsrolle keinen Abbruch. Wie diese Paradoxie zu erklären ist, beschreiben wir im folgenden Abschnitt.

Welche Gruppen, welche Stile, beeinflussen heute die Mode?

Ein Wesensmerkmal unserer heutigen Kultur ist die Idealisierung der Jugend. Jugend ist ein erstrebenswerter Dauerzustand geworden. Kinder und Greise als eigenständige Gruppen sind aus dem öffentlichen Bewußtsein nahezu verdrängt. Neil Postman hat vom »Verschwinden der Kindheit« gesprochen, aber auch die »Greise« sind verschwunden, in »Senioren«, das heißt, zu älteren Jugendlichen verwandelt worden. In unserer Wunschvorstellung sind wir alle Jugendliche. Ein Blick in die Werbung oder auf uns selbst bestätigt das: Kaum können wir einen Fuß vor den anderen setzen, sind wir drin in den jugendlichen Jeans und bemühen uns, die restlichen Jahrzehnte unseres Lebens drin zu bleiben.

Wie es dazu gekommen ist, kann hier nicht erörtert werden. Gewiß aber spielt dabei eine Rolle, daß »die Jugend« das dieser Gesellschaft ureigene Grundprinzip vom rasanten Wandel verkörpert wie keine andere Lebensphase. Zweitens hat mit dem Aufkommen und der zunehmenden Bedeutung von Freizeit für alle der Sport eine Leitfunktion für die ganze Gesellschaft gewonnen. Da Sport bei uns typischerweise wettbewerbsorientiert ist, und sportliche Höchstleistungen nun einmal meist in relativ jungem Alter erzielt werden, sind in diesem (gerade auch für die Mode) zentralen Bereich die Vorbilder Jugendliche.

Jugend ist aber heute auch eine Phase, in der die Anforderungen der

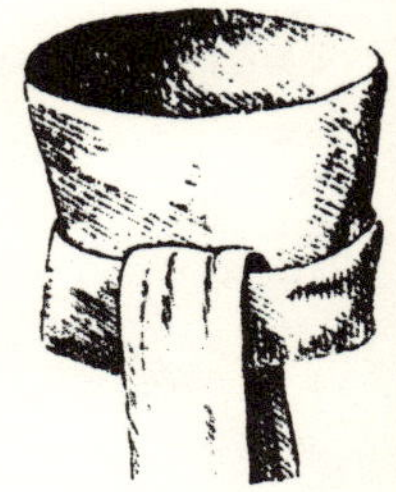

Americana

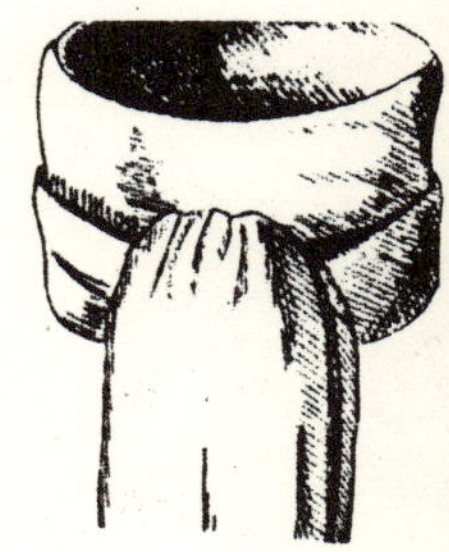

In Cateratta

Matematica

Von Balzac angeregte Krawattenbindungen

Gesellschaft auf einen, seine persönliche Identität suchenden Menschen treffen. Diese Suche äußert sich in einem starken Drang nach immer neuer Gestaltung des eigenen Selbst, also vor allem auch in einem expressiven, experimentierfreudigen Kleidungsstil. Die Bedeutung dieser Selbstdarstellung für die Jugendlichen ist um so größer, als ihnen insgesamt nur sehr wenig gesellschaftlicher Einfluß zugestanden wird. Insofern geht es ihnen nicht anders als den Kokotten des 19. Jahrhunderts.

Wie diese erleben auch die jugendlichen Subkulturen von heute die aktuellen Konflikte und Probleme ihrer Gesellschaft unmittelbarer und bewußter als andere Gruppen und bringen das auch in ihren Stilschöpfungen zum Ausdruck (siehe »Jugend-Stile«, S. 126ff.).

Das alles prädestiniert die jugendlichen Subkulturen heute dazu, Innovatoren, Vorreiter im Modebereich zu werden. Von den acht »Milieus«, die man heute in der Gesellschaft unterscheiden kann, stellen darum die beiden Jugend-Milieus, die »Hedonisten« und die »Alternativen« die Spitze der modischen Bewegung, auch wenn sie eigentlich selbst keine traditionelle Mode, sondern »Anti-Mode« machen wollen.

Da sie aber von den konservativen Gruppen der Gesellschaft als Gruppen eher abgelehnt werden – Jugendlichkeit als Ideal, Jugend als Problem – bedürfen sie vermittelnder Instanzen (siehe »Wie das Allerletzte zum letzten Schrei wird, S 121ff.). Diese Rolle spielen zum einen die Mode-Industrie, deren Kreateure stets auf der Suche nach neuen Trends und Ausdrucksmitteln sind, zum anderen hauptsächlich das »technokratisch-liberale Milieu«. Dessen Mitglieder sind weniger an Massenmode interessiert als an der Kultivierung eines expressiven, individuellen Stils. Sie sind demzufolge avantgardistischen Tendenzen gegenüber aufgeschlossen, kaufen die Objekte jedoch als teure Einzelstücke bei avantgardistischen Künstlern und Modeschöpfern, die wiederum die Trends der jugendlichen Subkulturen aufmerksam verfolgen und verarbeiten. Das technokratisch-liberale Milieu verbindet Neues, zunächst Abgelehntes mit Status, Prestige und »Geschmack« und ermöglicht so auch konservativ eingestellten Milieus die Übernahme neuer Moden.

Zunächst vor allem den sogenannten »Aufsteigern«. In ihrem Streben nach Höherem orientieren sie sich am konservativ-gehobenen aber auch am technokratisch-liberalen Milieu. Von letzterem übernehmen sie die neuen Statussymbole, sobald sie unauffälliger, das heißt konventionalisiert und in größerer Stückzahl erhältlich sind. Sie übernehmen eine neue Mode gern in Form von Markenkleidung, welche als Statussymbol dient und die modischen Veränderungen zwar mitmacht, aber in ein konventionelles Design integriert.

Das konformistische Extrem der Mode verkörpern die »Kleinbürger«. Nur nicht auffallen, lautet ihre Devise, also immer »passend« und »gepflegt« gekleidet sein, das heißt auch, nicht aus dem modischen Rahmen fallen. Sie übernehmen eine neue Mode, wenn sie sich durch die Vorarbeit der genannten Gruppen schon »gesetzt« hat, in Form von preisgünstiger unauffälliger Konfektionsmode.

Mode in ihrer billigsten Variante tragen die Angehörigen des »traditionslosen Arbeitermilieus«. Da sie auf keine kontinuierliche Geschmackstradition zurückgreifen können, suchen sie Orientierung an der jeweils neuesten Mode. Ihre beschränkten Finanzen und ihre Stilunsicherheit lassen sie stilistisch und finanziell nach dem greifen, was sie kriegen können.

Relativ am wenigsten betroffen von einer neuen Mode sind die traditionsgebundenen Gruppen der Gesellschaft. Das »traditionelle Arbeitermilieu« legt Wert auf zweckmäßige, haltbare Kleidung. Bei ihm wirkt sich die Mode eher unauffällig aus, in Form eines dem Zeitgeschmack angenäherten Hosenschnitts oder einer entsprechend modifizierten Veränderung der Kragengröße etwa. Das heißt auch, dieses traditionsgebundene Milieu kann sich der kollektiven Geschmacksveränderung nicht ganz entziehen, zumal die Kaufhäuser die Ware auch für solche Zielgruppen allmählich der Mode angleichen.

Auch im »konservativ-gehobenen Milieu« wird Wert auf Tradition, auf überschaubare Werte gelegt. Dies allerdings im gehobenen Rahmen. Seine Mitglieder folgen der Mode nur, wenn sie sich unauffällig in ihren »klassisch-zeitlosen Stil« einfügen läßt. Sie vertreten sozusagen heute noch den diskreten Charme der Bourgeosie des 19. Jahrhunderts. Nur haben sie deren Führungsrolle verloren.

Der ganze Prozeß läßt sich gut anhand einiger Mode-Beispiele aus der jüngsten Vergangenheit veranschaulichen.

Die Punks, die jugendliche Subkultur, welche die »Sinnkrise« der westlichen Gesellschaften Ende der siebziger Jahre am kompromißlosesten zum Ausdruck brachte, hatten ein Haarstyling kreiert, das der »Natürlichkeit« der zuvor herrschenden Haarmoden diametral entgegenstand. Anstelle glattfallender, mit der Kopfform korrespondierender Schnitte traten bei den Punks gen Himmel gerichtete Bürsten- und Stachelgebilde bzw. asymmetrische Gestaltungen mit einrasierten Schneisen und »Stoppelfeldern«, die sich mit langen Strähnen abwechselten. War das Haarefärben zuvor immer recht dezent erfolgt und innerhalb des Spektrums real existierender Haarfarben geblieben, so benutzten die Punks schreiend grelle Farben wie Hellgrün, Orange oder Pink.

Diese ausgefallenen, exzentrischen Haartrachten erregten, neben der Abscheu des »Normalbürgers«, auch die Aufmerksamkeit einiger avantgardistisch orientierter Gruppen. Diese waren, in ihrem Streben nach einem ausgefallenen Individualstil, durchaus für die Punk-Ästhetik der Übersteigerung und Künstlichkeit empfänglich. In seiner harten Straßen-Version konnten sie den Punk-Stil allerdings nicht übernehmen, er mußte erst »bereinigt« und mit Avantgarde-Anspruch versehen werden. Diese Aufgabe übernahmen die experimentierfreudigen Szene-Friseure, die sich die teils komplizierten und von der herkömmlichen Friseurkunst abweichenden Techniken des Trimmens, Färbens, Festigens, Anschweißens von

künstlichen Haarteilen aneigneten und »punkige Schnitte« in entschärfter Form entwickelten, aber auch eine Reihe von Künstlern des Popsektors, die, immer auf der Suche nach extravagantem Styling, die ausgefallenen Haartrachten auch in den Medien progagierten.

Die Mitglieder der gesellschaftlich gehobenen Trendsetter-Gruppen folgten bald, denn der provokative Stil war nunmehr mit extravagantem Geschmack vereinbar und als Beweis eines prestigeträchtigen Avantgarde-Bewußtseins tauglich.

Hatte der Punk seine Haartracht selbst entworfen und täglich aufs neue hergerichtet und modifiziert, so übernahmen nun die Profis diese Tätigkeiten. Damit war auch der Weg frei für eine allmähliche Formalisierung des Stils und für seine weitere modische Verbreitung.

Frauenzeitschriften präsentierten »mutige Stachelschnitte mit frechen Strähnen«. Die Kosmetikindustrie lieferte die notwendigen Wet-Gels, Haarlacke und Farbessenzen.

Auch die vormals verpönten Vokabeln »Punk« oder »New Wave« tauchten in der einschlägigen Werbung auf und brachten das Top-Modische auf den neuzeitlichen Begriff.

Eine einst vehement abgelehnte Ästhetik war damit selbst für gesellschaftliche Gruppen akzeptabel geworden, die, dem modischen Konformismus verpflichtet, alles Auffallende ablehnen. So ließ sich auch die junge Aufsteigerin von der »Freundin« zu einem frechen Kurzhaarschnitt überreden. In seiner völlig entschärften Form bildete er keinen Verstoß mehr gegen die Regeln des »guten«, das heißt, des konventionalisierten Geschmacks. Und er konnte als neues Zeichen modisch-fortschrittlicher Gesinnung eingesetzt werden: denn auch »Köpfe« machen Leute.

Selbst der traditionsbezogene distinguierte Stil der Konservativen blieb nicht ganz unberührt. Vielpubliziertes Beispiel dafür: Gloria von Thurn und Taxis ließ sich von ihrem Hof-Coiffeur das fürstliche Haar zur »Punk-Mähne« hochtürmen – und trug sie zur festlichen Abendrobe.[12]

Die Punks bevorzugten zerschlissene Kleidung und staffierten sich damit als Müll der Konsumgesellschaft heraus. Oft waren die Kleidungsstücke auch sichtlich mutwillig zerrissen oder aufgeschlitzt. Die Selbstzerstörungswut wurde auf die Sachen am eigenen Leib umgelenkt.

Die Designerin Vivienne Westwood griff diesen Look auf und bot zunächst T-Shirts, später allerlei andere Kleidungsstücke mit vorgefertigten Löchern und Rissen an.

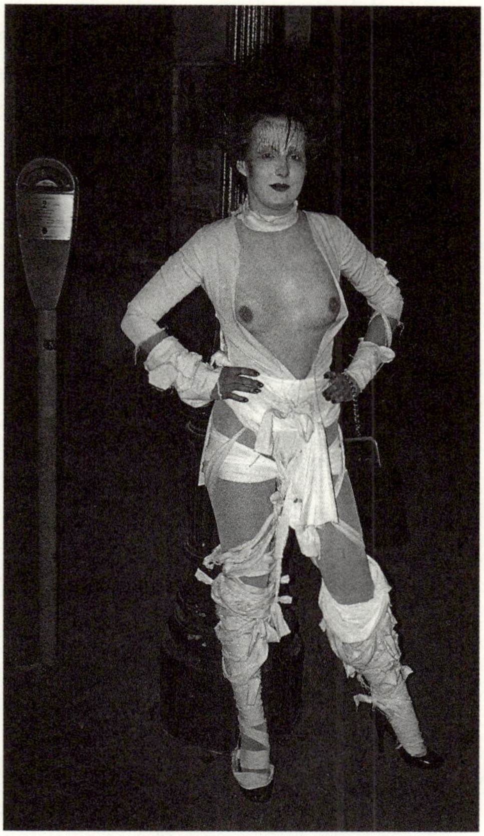

Kleidung mit Löchern war bislang ein Synonym für äußerste Armut oder für Verwahrlosung gewesen. Kaufte man ein Kleidungsstück von der Stange, dann sollte es auch intakt sein. Der Löcher-Look stand damit nicht nur im Widerspruch zum herkömmlichen Kleidungsverhalten, sondern auch zu den Konsumgepflogenheiten. Eingang in die Mode konnte er deshalb nur auf einem Umweg finden. So tauchten zunächst in einigen Designer-Kollektionen, die stark folkloristisch – etwa von nordafrikanischen Trachten – inspiriert waren, Kreationen mit gezielt gesetzten

Löchern oder Rissen im robusten Gewebe auf. Diese extravaganten Modelle wurden von den Mode-Avantgardisten angenommen, denn durch die exotische Verbrämung war der »Armuts-Chic« tragbar geworden.

Bald waren Löcher, nunmehr unterlegt und fein versäubert, auch bei dezenter geschnittener Kleidung zu finden. Selbst die konservative Professoren-Gattin ging in teuren Lumpen. Und die kleinbürgerliche Otto-Versand-Kundin konnte den »neuen Look« per Katalog bestellen.

So wurden stilistische Äußerungen, die ursprünglich abschreckend häßlich wirkten und sich jeder seriellen Reproduktion entziehen sollten, zu einer Mode, die nach und nach von allen sozialen Gruppen auf jeweils typische Weise adoptiert und von der Industrie nach Kräften ausgeschlachtet wurde.

Man sieht, in diesem »Reigen« spielt der Status keineswegs die erste Geige. Die Anstöße für neue Moden kommen heute gerade von jugendlichen Subkulturen mit niedrigem Status. Die Modeindustrie selbst spielt dabei keine geringere Rolle als früher, sie kann nur nicht mehr in dem Maß »diktieren«, wie sie das einmal getan haben mag. Aber man hat ihr eigentlich schon immer mehr Macht unterstellt, als sie in Wirklichkeit hatte. Zwei berühmte Beispiele für gescheitertes Modediktat bieten die aufwendige, mit vielen prestigebeladenen Vorbildern geführte Kampagne aus den zwanziger Jahren, den anhaltenden Trend zum kurzen Rock umzukehren, und ein ähnlicher Versuch, Ende der Sechziger, den Mini-Rock durch den Maxi-Rock abzulösen. Beide Projekte sind jämmerlich fehlgeschlagen.

Die Modemacher konstruieren ihre Modelle in der Regel nicht im luftleeren Raum. Sie verfolgen heute sehr genau aktuelle Entwicklungen in der Gesellschaft, insbesondere auch die oben genannten stilistisch kreativen Gruppen.

So schickt etwa das »Deutsche Mode-Institut«, das für Modeindustrie und Modehandel Trends aufspürt, analysiert und in Produktempfehlungen umsetzt, seine hauptberuflichen »Trend-Scouts« schon seit Jahren »in die Subkultur«. Jugendliche Stil-Schöpfungen werden auf der Straße oder in Discos aufmerksam registriert, fotografiert und als Anregung für die Modemacher aufgearbeitet.

Viele Modedesigner, zum Beispiel Zandra Rhodes oder Vivienne Westwood, sind selbst aus der Jugendkultur hervorgegangen oder haben, wie Jean-Paul Gaultier, einen direkten Draht zu ihr.

Natürlich spielen weiterhin Trends in Kunst und Technik, exotische Elemente aus fernen Ländern und Zeiten, große Ereignisse in der Gesellschaft, aber auch die Abhebung oder Fortführung von Trends innerhalb der »Haute Couture« eine Rolle.

Die Vorschläge der Modemacher sind somit meist gar nicht so weit weg von den Geschmackstrends der ganzen Gesellschaft und werden dementsprechend übernommen, zumal ihr Angebot heute von Anfang an auf die unterschiedlichen Stil- und Zielgruppen ausgerichtet ist. Die Phasenverschiebung zwischen Avantgarde und konformistischen Mitläufern ist heute so gering geworden, daß Haute-Couture und Massenware nahezu simultan auf den Markt kommen.

Einen Preis allerdings hat die Verbreitung von Stilelementen durch die Mode. Die von ihr aufgegriffenen Ausdrucksformen einer (Sub)kultur verlieren ihre ursprüngliche Bedeutung. Die japanischen Schriftzeichen auf dem deutschen T-Shirt kann keiner mehr entziffern. Es ist letztlich auch völlig gleichgültig, ob die Inschrift auf dem Busen der jungen Münchnerin »Nieder mit dem Tenno!« oder »Freiwillige Feuerwehr Kyoto« lautet. Die Bedeutung, die man diesen Zeichen entnehmen kann, ist allenfalls »Ferner Osten«, in Wahrheit aber nur noch »Ich bin modisch«.

Die Sicherheitsnadel, die der Punk als Ausdruck seiner provokativen Opposition durch die Wange getrieben trägt, wird von der Mode dieses Ausdrucks beraubt und als entschärfte und verwässerte Aussage »Mode« an die anderen Subkulturen weitergegeben.

»Die Realität ist tot, es lebe das realistische Zeichen«, lautet das Motto der Mode. Daß sie auf diese Weise jegliche Bedeutung unterminiert, macht sie korrupt und subversiv zugleich, entzieht sie letztlich jeder Ideologie. Wer immer sie für seine Zwecke einspannen will, dem zeigt sie eine lange Nase. Diese systematische Unberechenbarkeit, die man immer wieder als bloße Irrationalität, ja Verrücktheit mißverstanden hat, hat der Mode schon seit Jahrhunderten die meist hilflose Kritik und Verfolgung von Machthabern und Revolutionären, von Rechten und Linken eingebracht. Einsperren können hat sie noch keiner.

Wie das Allerletzte zum letzten Schrei wird: Der modische Einfluß oppositioneller Subkulturen

Wir haben gesehen, daß ganz bestimmte Subkulturen die »Erfinder« und Vorreiter neuer Moden stellen. Solche Subkulturen nämlich, die die zentralen Widersprüche einer Gesellschaft besonders hautnah erleben, und deren soziale Situation sie dazu bringt, ihre Identität vor allem über einen expressiven Kleidungsstil zu manifestieren.

Heute spielen vor allem die jugendlichen Subkulturen diese Rolle. Ob Hippies, Punks, Alternative oder New Waver, allen gemeinsam ist die oppositionelle Grundeinstellung gegenüber den »Normalos«, den Erwachsenen, »der Gesellschaft«. Diese Grundhaltung bringen sie auch in ihren Gruppenstilen zum Ausdruck. »Stil ist Widerstand«, sagt der Ästhetik-Professor Bazon Brock. Und Jugendstile sollen nicht nur provozieren, sie tun es auch tatsächlich: Die Erwachsenenwelt reagiert irritiert, entsetzt, oft mit »Arbeitslagerparolen«, manchmal mit Verboten, ja Zwangsmaßnahmen. In aller Regel stoßen die jugendlichen Stilschöpfungen auf Ablehnung: »So würde man nicht einmal zum Karneval herumlaufen«.

Wie ist es möglich, daß solche kleinen, machtlosen, abgelehnten »Randgruppen« der Gesellschaft Einfluß auf die Massenmode nehmen können?

Die Wissenschaft hat diese Möglichkeit lange Zeit überhaupt nicht in Betracht gezogen und folglich auch keine Erklärung dafür geliefert. Erst Arbeiten des französischen Soziopsychologen Serge Moscovici[13] belegten, daß der gesellschaftliche Einfluß einer machtlosen Minderheit nicht notwendigerweise geringer sein muß als der einer großen Mehrheit, ja, daß er unter gewissen Bedingungen sogar tiefgreifender und nachhaltiger wirken kann.

Zunächst muß die Minderheit eine abweichende Position vertreten, die zu einem bestimmten Zeitpunkt gesellschaftlich relevant ist. Das kann zum Beispiel in ökonomischen Krisenzeiten eine unorthodoxe Alternative zur Arbeitslosigkeit sein oder bei Gefährdung natürlicher Ressourcen die Forderung nach Verstaatlichung von Chemie-Konzernen.

Weiterhin muß die Minderheit durch ihr offensives und kompromißloses Verhalten einen Konflikt mit der Mehrheit provozieren. Das setzt voraus, daß sie die materiellen oder geistigen Mittel hat, die damit verbundenen, meist negativen Folgen auf sich zu nehmen, ohne nachzugeben. Die meisten oppositionellen Subkulturen haben zwar keine materiellen Mittel, aber sie haben auch nichts zu verlieren. So nehmen sie häufig auch Sanktionen in Kauf, die sich der Normalbürger nicht einmal vorstellen mag.

Ist eine Minderheit also aktiv, lautstark und kompromißlos, hat sie gute Aussichten, zumindest beachtet zu werden. Die Mehrheit neigt zum Schweigen und zur Konfliktvermeidung. Angesichts der Kompromißlosigkeit der Minderheit scheint dann die Lösung des Konflikts nur von ihrem Nachgeben abzuhängen. Die Leute belächeln die »Spinner«, hassen die kompromißlosen Politfanatiker, aber wenn diese über eine gewisse Zeit konsistent ihre Position vertreten, werden sie zumindest innerlich verunsichert. Wenn eine Gruppe permanent so offenkundig gegen die »eigenen Interessen« wie gesicherte Zukunft oder öffentliche Anerkennung handelt, könnte vielleicht doch etwas daran sein ...

Weicht ein einzelner von einem Mehrheitsstandpunkt ab, wird er in der Regel dem Konformitätsdruck nachgeben. Er löst den Konflikt durch äußerliche Anpassung, wird aber innerlich seine bisherige Meinung beibehalten. Bei der Konfrontation mit einer starken Minderheitsmeinung ist das genau umgekehrt.

Der einzelne wird deren Position weiterhin öffentlich ablehnen, um nicht mit der abweichenden Gruppe identifiziert zu werden, muß sich aber innerlich damit auseinandersetzen.

Denn anders als die schon bekannte Mehrheitsposition erweitert der neue, offensiv vorgebrachte Standpunkt der Minderheit die Anzahl der bekannten Alternativen. Was zuvor unumstrittene Tatsache war, das »Normale« also, ist nun durch das entschlossene Auftreten der Minderheit nur noch eine Option unter anderen. Das Individuum sieht sich gezwungen, seinen bisherigen Standpunkt zu überprüfen – und ist damit schon so gut wie »infiziert«.

Dieser Vorgang ist dem einzelnen gewöhnlich gar nicht bewußt. Er wird den Standpunkt der Minderheit weiterhin ablehnen und der festen Überzeugung sein, nicht von ihr beeinflußt zu werden. Gleichzeitig arbeitet aber die verpönte Meinung schon wie ein Virus in ihm. Und nach einer gewissen »Inkubationszeit« wird die innere Änderung auch äußerlich zu bemerken sein. Der einzelne hat bestimmte Standpunkte der Minderheit übernommen und in sein Denken und Handeln integriert. Nur weiß er nicht, wem er diese Veränderung zu verdanken hat, ja sie ist ihm nicht einmal bewußt.

Diese verblüffenden Zusammenhänge wurden unter anderem mit einem ausgeklügelten sozialpsychologischen Experiment[14] belegt:

Versuchspersonen bekamen eine Reihe blauer Diapositive zu sehen. Eine Minderheit von eingeweihten Versuchspersonen behauptete jeweils, die Dias seien grün. Jedesmal, wenn die Versuchspersonen das Farburteil der Minderheit gehört und ihr eigenes Urteil abgegeben hatten, mußten sie auf die weiße Leinwand schauen und die Farbe des von ihnen gesehenen Nachbilds angeben. Bekanntlich sieht man nach längerem Betrachten einer Farbe auf einer hinterher betrachteten farblosen Fläche nicht etwa Weiß, sondern die Komplementärfarbe zur vorher gesehenen Farbe, im Falle von Blau also Gelb-Orange, im Falle von Grün Rot-Violett. Wenn die Versuchspersonen also mit Minderheitenvotum beeinflußt worden waren, so mußten sie in ihrer Wahrnehmung ein rotviolettes Nachbild produzieren. Und genau das geschah bei den meisten Versuchspersonen.

Der Minderheit war es gelungen, die Mehrheit auf einer unbewußten, perzeptiven Ebene zu beeinflussen. Und das, obwohl ein Teil der Beeinflußten weiterhin verbal die Auffassung der Minderheit ablehnte und behauptete, die Dias seien blau. Kam der Einfluß dagegen von einer Mehrheit, konnte ein solcher Effekt nicht festgestellt werden. Die Mehrheit übte lediglich Einfluß auf die bewußten, verbalen Reaktionen aus, nicht aber auf die Wahrnehmung selbst.

In der sozialen Realität helfen heute die Medien den Minderheiten dabei, von mehr Menschen als früher wahrgenommen zu werden, indem sie ihnen – stets auf der Suche nach Neuem – mehr Platz einräumen als es etwa ihrem Bevölkerungsanteil entspräche. Und selbst wenn die Subkulturen die für eine Beeinflussung unerläßliche Bedingung konsistenten Auftretens nicht erfüllen, die Medien mit ihren schnellen Etikettierungen verhelfen ihnen dazu.

Allerdings läuft ein solcher Beeinflussungsprozeß nie so geradlinig und problemlos ab, wie das nach dem bisher Gesagten scheinen mag. Denn erstens gibt es meist mehrere konkurrierende Minderheiten, und zweitens kommt die »Botschaft« der Minderheit nie so an, wie sie gemeint war.

Während Mehrheiten nämlich, wenn auch eher oberflächlich, aber doch da wirken, wo sie wirken wollen, üben Minderheiten in aller Regel nur einen indirekten Einfluß aus. Das heißt, es gelingt ihnen selten, ihr zentrales Anliegen durchzusetzen, dafür aber beeinflussen sie mittelbar bestimmte gesellschaftliche Werthaltungen und Einstellungen. Hippies und »68er« zum Beispiel, vermochten die Mehrheit zwar nicht von der freien Sexualität zu überzeugen, ein Pärchen ohne Trauschein wird aber heute von Vermietern und Hotelportiers meist akzeptiert.

Im Rahmen einer Untersuchung[15] gelang es einer schlecht angesehenen, eher abgelehnten Minderheit von New Wave-Fans zwar nicht, eine Mehrheit von Hard Rock-Liebhabern zu New Wave-Freunden zu machen. Aber die Hard Rocker lauschten hinterher wesentlich lieber aktuellen Musikstücken, die New Wave-Elemente enthielten, als zuvor.

Überhaupt haben Minderheiten den größten Einfluß in Bereichen, in denen Kreativität und Originalität gefragt sind[16], also in Musik, Kunst, aber eben auch in der Mode. Die trotzige »No Future«-Einstellung der Punks und ihr entsprechendes Verhalten beispielsweise sind der großen Mehrheit nach wie vor ein Greuel. In der Massenmode aber hat die Punk-Ästhetik deutliche Spuren hinterlassen. So trägt auch manche konservative Kaufmannsgattin heutzutage eine freche farbige Strähne in ihrer flott hochgestellten Kurzhaarfrisur. Und selbst das zuvor als vulgär abgelehnte schwarze Leder wurde gesellschaftsfähig.

Um von der Mehrheit angenommen werden zu können, müssen die neuen Stilelemente allerdings auch von ihrem oppositionellen Gehalt, von ihrer subversiven Bedeutung gelöst werden. Das besorgen Modedesigner, etablierte Künstler, Avantgarde-Friseure. Sie haben einerseits einen besonderen Draht zu den Subkulturen, denen sie häufig auch entstammen und sind ständig auf der Suche nach Anregungen, die sie dann für ein gesellschaftlich anerkanntes bzw. zahlreiches Publikum weiterverarbeiten. Andererseits sind sie selbst etabliert und von der Mehrheit anerkannt. Solche Gruppen können, auch wenn sie sich rigide und kompromißlos verhalten, anders als die abgelehnten Subkulturen einen direkten Einfluß auf die Mehrheit ausüben.

Während die aktiven Subkulturen als Outgroups wahrgenommen werden, die die gesellschaftliche Ordnung bedrohen, bewegen sich die künstlerischen Avantgardisten in einem von der Gesellschaft legitimierten Freiraum, in dem Originalität die Norm ist, in einem Bereich also, in dem Minderheiten ohnehin die größten Chancen haben.

Von ihnen übernehmen nun bestimmte Trend-Setter-Gruppen, vor allem etwa aus dem »technokratisch-liberalen Milieu« die ästhetischen Neuerungen. Sie holen diese aus dem Ghetto von Opposition und Kunst in den Alltag und verbinden sie mit Status, das heißt mit gesellschaftlicher Anerkennung. So können die zuvor verpönten Stilelemente schließlich auch von konservativer eingestellten Gruppen übernommen werden: Aus dem Allerletzten wird der letzte Schrei. Stilisierungen, die zunächst eng mit einem (oppositionellen) Gruppenstil verbunden waren, werden damit aber zur Massenmode. Und können dann als neue Symbole des Etablierten die kreative Opposition der jugendlichen Subkulturen aufs Neue provozieren.

Jugend-Stile

Jugend-Stile[17], wie wir sie heute als Gruppenstile jugendlicher Subkulturen kennen, gibt es erst seit den fünfziger Jahren. Die Beat-Generation nach dem Ende des Zweiten Weltkriegs, die »Love-Generation« in den sechziger Jahren und die Studentenbewegung in den späten Sechzigern waren Massenphänomene, die weite Teile der Jugend in den USA und Europa erfaßten und auch in der Erwachsenenwelt ihre Spuren hinterlassen haben.

Diese Stile hatten eines gemeinsam: Es waren große, trotz aller Nuancierungen relativ einheitliche Bewegungen, die zu ihrer Zeit recht monopolistisch *die* Jugendkultur verkörperten. Die verwendeten Symbole brachten die jeweiligen Ideale noch recht ungebrochen zum Ausdruck. Das heißt, wer jung und »dagegen« war, trug Jeans und lange Haare, wer kurze Haare und einen Anzug trug, der gehörte eindeutig zum »Establishment«. Heute ist das anders. Heute weiß man nicht mehr, ob nun die langhaarigen Jeansträger oder die kurzgeschorenen Krawattenträger die Progressiven sind – ja, ob es überhaupt noch so etwas wie »Progressive« gibt.

Diese verwirrende Wandlung vollzog sich Mitte bis Ende der siebziger Jahre. Die westliche Welt war damals in eine gesellschaftlich und ökonomisch bedingte »Sinnkrise« geraten, von der auch die Gegenutopien der Jugend-Bewegungen nicht verschont blieben. Deren hochfliegende Entwürfe einer neuen Gesellschaft konnten angesichts des wirklichen Zustands der Welt vielen Jugendlichen nicht mehr als rechte Orientierung dienen. Als eine Folge der Sinnkrise brach auch der »Krieg der Stile« aus, der ein ganzes Spektrum neuer, heterogener Jugend-Stile hervorbrachte: Die *Punks* gaben sich einer düsteren »No-Future-Stimmung« hin und staffierten sich als Müll der Überflußgesellschaft heraus. Die *Popper* setzten dem einen blauäugigen Zukunftsglauben entgegen und entwickelten einen systemkonformen, konsumorientierten Stil. Die *Alternativen* kultivierten die Ästhetik der Hippie- und Protest-Kultur weiter. Selbst die Ahnen der Jugendkultur – etwa *Teds, Mods oder Skinheads* fanden als Retro-Stile neue Anhänger. Hatten sich die Jugend-Stile zuvor in strikt chronologischer Abfolge entwickelt, so herrschte nun ein heilloses Neben- und Durcheinander konkurrierender Stile.

Ende der siebziger Jahre tauchte in den europäischen Großstädten ein neuer Typ auf: breitschultriger Anzug, Krawatte, spitze Schuhe, kurze Haare. Der Stil dieser »*modernen jungen Männer*«, der »*New Waver*«, war trotz offensichtlicher Unterschiede letztlich ohne die ästhetische Pionierarbeit der Punks nicht denkbar. Diese hatten den Zusammenhang zwischen Symbol und Symbolisiertem gewaltsam zerrissen – ein Hakenkreuz auf der Lederjacke sollte den Träger eben nicht als Neo-Nazi ausweisen, sondern nur provozierend signalisieren »Ich bin das Schlimmste, was du dir vorstellen kannst!«, das um den nackten Hals geschlungene Angestelltensymbol Krawatte hat über dem zerfetzten Netz-Shirt nur noch die Bedeutung »Provokation«.

Nach dieser Vorarbeit konnten die New Waver nun solche und andere Symbole selbstverständlicher verwenden, ohne deren Tabugehalt überhaupt noch Beachtung zu schenken.

Hatte die Protestkultur der Sechziger und frühen Siebziger noch an die bürgerliche Gesellschaft appelliert, »anders« zu leben, hatte die Militanz der Punks darin bestanden, die Kommunikation abzubrechen und nur noch »weißes Rauschen« zu senden, so kultivierten die New Waver dieses weiße Rauschen, indem sie Kommunikation *simulierten*. Ihre Strategie der ironischen Simulation des »Normalen« zielte darauf ab, die (Kleidungs-) Normen der Spießerwelt überkorrekt zu erfüllen: Beliebte Vorlage dabei war der angepaßte, fortschrittsgläubige Angestellte der fünfziger Jahre. So hielt man den Spießern einerseits höhnisch den Spiegel vor, verunsicherte andererseits Spießer ebenso wie Punks oder Alternative durch die irritierend perfekte Nachahmung des Konformen: Waren das nun Zyniker, die Spießer spielten, oder waren sie Spießer, die Zyniker spielten?

Das ständige Zitieren des grauen Durchschnitts mußte allerdings bald ermüden. So begannen die New Waver, sich nach exotischeren Versatzstücken für ihre Stilbasteleien umzusehen. Die neue Parole lautete: »Alles ist erlaubt!« Damit war das Ende der subtilen Finesse der New Wave beschlossene Sache. Der Fundus der von Punks und Wavern »besetzten« Zeichen wurde ins Beliebige erweitert, die ursprüngliche Bedeutung der verwendeten Symbole noch mehr aufgeweicht. Man provozierte, man simulierte nicht mehr, man griff nach allem Möglichen, einfach weil es so exotisch war. Das Zeitalter des »*Fun*« und der schillernden Individual-Looks war angebrochen.

Die letzten kompletten Looks lösten sich auf und machten individualistischen Stil-Puzzles Platz. Es ging nicht mehr darum, subkulturelle Zugehörigkeit zu signalisieren – was nicht bedeutet, daß man keiner angehörte –, sondern um pure individualistische Selbstdarstellung. Und weil sich Individualität heutzutage nur schwer über die Verwendung originärer Stücke ausdrükken läßt, greift man auf Massenprodukte zurück oder kramt in den Klamottenkisten, die Nostalgisches, Exotisches, Militärisches, Folkloristisches und und und enthalten. Nicht mehr was man trägt ist von Bedeutung, sondern die Originalität des Arrangements. Übertreibung bleibt Trumpf. Übertreibung nicht des Häßlichen (wie bei den Punks) oder des Konformen (wie bei New Wave), sondern als surrealistische Akkumulation möglichst vieler unterschiedlicher Stilelemente.

Der Popsänger Boy George wird oft als *das* Beispiel für individualistische Stilbildung herangezogen. Er verwendet nicht nur alle möglichen Zeichen aus den verschiedensten Kulturen – die Dreadlocks der jamaikanischen Rastas, allerdings rot-

blond gefärbt, unter dem Hut der orthodoxen Juden, dazu glitzernde Militärorden auf einem japanischen Kimono –, sondern hat als Mann, der weite Frauenkleider und dickes Make-up trägt, auch die Grenzen zwischen den Geschlechtern verwischt.

Obwohl Boy George sein Outfit ständig verändert, oft von Auftritt zu Auftritt, wird er von seinen fast ausschließlich weiblichen Fans mit großer Akribie kopiert. Was beweist, daß auch der individualistische Look, gerade wenn er von einem Popstar mit hoher Breitenwirkung propagiert wird, schnell zur Massen-Erscheinung werden kann.

»Fun« und die individuellen Looks sind nicht mehr wie die jugendlichen Gruppenstile zuvor untrennbar mit einer Subkultur verbunden. Dennoch sind sie – zumindest was den Umgang mit Symbolen betrifft – eine konsequente Weiterentwicklung der vorangegangenen Jugend-Stile.

Und eine Konsequenz aus der ständigen und immer schnelleren Vereinnahmung durch Medien und Mode-Industrie:

Die »Stämme« der Jugendkulturen sind zu einem Medienfavoriten der letzten Jahre avanciert. Allerdings geht es ihnen dabei unweigerlich wie jenen winzigen, isolierten Kultursprengseln, die wohlmeinende Ethnologen noch immer hin und wieder auf den letzten weißen Flecken des Globus »entdecken« und allein durch Übertragung eines (für sie selbst harmlosen) Schnupfens ausrotten: Der bloße Kontakt mit den Medien läßt sie dahinsiechen. Die Weitervermittlung an Epigonen und Modeindustrie nimmt den einzelnen Stilen die Authentizität und Sprengkraft. Was bleibt den »Entdeckten« anderes übrig, als die dem Subkultur-Tourismus überantworteten Stätten zu fliehen und die Stammeszeichen zu ändern? Nachdem Medien und Mode immer schneller den sich neu bildenden Jugendstämmen hinterhereilen, scheint der Schritt von der Stammestracht zum ständig wechselnden persönlichen Stil nur das letzte konsequente Mittel, Authentizität zu wahren.

Allerdings laufen sie damit der Mode geradewegs in die offenen Rockschöße. Denn was die schillernden Individualisten des »Fun« mit ihrem Beutezug durch die Kulturgeschichte, mit ihrer Unterminierung jeglicher Bedeutung praktizieren, ist das ureigene Prinzip der Mode. Die holt sich ja schon immer ihre Zeichen von allen möglichen Stilgruppen, um sie dann ihrer ursprünglichen Bedeutung zu berauben. Damit sind die am weitesten entwickelten Jugend-Stile heute in der Mode aufgegangen.

SWATCH™ FUNWEAR & FUNGEAR
The NEFERTITI COLLECTION is out
there. In Watches, Shirts, Shorts, Sweaters and Sweats. In Swim Suits, Sarongs
and Beach Towels. It's all over the map. In Leather Knapsacks. Even Sun Shields.
See how it fits. See how it feels. It's all SWATCH and IT'S REALLY OUT THERE!

Nostalgie: Anti-Mode oder modischer Blick zurück nach vorn?

»I love history, it's so old«, amerikanische Touristin in Europa

Im Jahre 1678 veröffentlichte der Basler Arzt und Humanist Johannes Hofer seine Doktorarbeit mit dem Titel »De Nostalgia oder Heimwehe«. Er beschreibt darin eine eigenartige Krankheit, die er insbesondere bei im Ausland stationierten Schweizer Söldnern beobachtet hatte:

»Und führet sogar Jo. Hoferus ... eine ganz besondere Ursache an, welche die Schweitzerischen Offiziere bei ihren Troupen in Frankreich und Niederlanden bemercket; nemlich wenn die neu aus der Schweitz ankommenden Recrouten den sogenannten Kühe-Reihen, den die Bauern in denen Schweitzerischen Alpen bey ihrem Viehe zu singen und zu pfeifen pflegen, unter denen alten Soldaten angestimmt, darauf diese alsbald zu dem süßen Andenken ihres Vaterlandes dergestalt erreget worden, daß sie ohne Halten in das sogenannte Heim-Weh, und zugleich in ein hitzig Fieber zu verfallen begonnen, sogar, daß die Officiers öffentlich verbieten müssen, diese Weise weder mit dem Munde noch mit der Pfeiffe unter ernstlicher Strafe nicht mehr von sich hören zu lassen ...[18]

Rousseau spezifiziert die »ernstliche Strafe« als die Todesstrafe, deren Anordnung verhindern sollte, daß die von der Erinnerung Überwältigten »in Tränen aufgehen, desertieren oder sterben«.

Die drastischen Symptome dieser damals auch »Schweizerkrankheit« genannten nostalgischen Reaktion muten uns heute reichlich exotisch an, und doch erliegen wir gerade in den letzten Jahrzehnten besonders häufig und kollektiv immer wieder neuen »Nostalgiewellen«: Mal ist es der »Opa-Look«, mal sind es die »Goldenen Zwanziger«, dann die Fünfziger, mittlerweile auch schon die Sechziger, nach denen wir uns sehnen.

Die Bedeutung des Begriffs Nostalgie hat sich seit dem 17. Jahrhundert vom Heimweh nach einer räumlich fernen, konkreten Heimat, zum Heimweh nach einer zeitlich fernen, eher unbestimmten Heimat verschoben. Ein selbst schon nostalgiewürdiges Lexikon der Jahrhundertwende definiert Nostalgie als »äußerst anstrengende, unaufhörliche Reise eines Geistes einem Ziel entgegen, von dem man sich immer mehr entfernt, es sind unnatürliche Gedankensprünge an Orte, an denen der Körper sich nicht befindet.«[19]

Dieses Ziel kann einmal völlig unbestimmt, schlicht alles »Alte« sein, wie bei manchen Antiquitätenliebhabern oder bei der eingangs zitierten amerikanischen Touristin. Meist aber bezieht sich die nostalgische Mode jeweils auf eine ganz bestimmte Epoche.

Eine besonders große und anhaltende Nostalgiewelle überspülte Europa in den siebziger Jahren. Vorreiter war wieder einmal die Jugendkultur. Viele alternative Jünglinge stiegen in die Frackhemden ihrer Großväter. Die Mädchen entdeckten wieder den langen weiten Rock, die Schnürstiefel und Rüschenblusen und flochten sich das Haar zu einem Schneckennudelknoten.

Was die Oma nicht hatte oder nicht hergab, klaubte man auf den überall entstehenden Flohmärkten zusammen: runde Nickelbrillen, schwarze Anzugwesten, Taschenuhren, Hüte, Manschettenknöpfe.

Erst Rebellion, Revolution und jetzt in Opas alte Schuhe?

In den Augen dieser jungen Nostalgiker waren Oma und Opa gar nicht so weit weg von den Wertvorstellungen der Alternativkultur. Die Großeltern standen für die letzte Generation, die noch das einfache, gesunde, natürliche Leben vor der totalen Industrialisierung, der Massenproduktion, der Chemikalisierung, der Automobilisierung gekannt haben. Sie standen für nicht entfremdete Hand-

und Landarbeit mit natürlichen Materialien, für gesunde Ernährung, für Zufriedenheit ohne den mörderischen Druck zum »Schneller, Höher, Weiter«.

Daß die »gute alte Zeit« so gut und schlicht nicht war, belegt schon ein kurzer Blick in die Sozialgeschichte. Aber es ist ja eine Eigenart des nostalgischen Denkens, daß ihm die Vergangenheit aus der Finsternis der Gegenwart in einem rosigen Licht erscheint.

Doch für die jugendlichen »Omis« und »Opis« der Siebziger war diese optische Zeitreise zunächst keineswegs nur Flucht in eine schönere Vergangenheit. Sie setzten die Zeichen der vorindustriellen Welt durchaus oppositionell gegen die Wachstums- und Fortschrittsgläubigkeit ihrer Eltern. Nostalgie als »Utopie nach hinten« (Ernst Bloch), für den Betrachter eine Art Appell zum Atemholen, zum Nachdenken darüber, wohin man denn eigentlich so unaufhaltsam rast und wozu.

Allerdings beschäftigt sich meist der mit der Vergangenheit, dessen eigene Zukunft nicht so rosig scheint. Die Protest-Bewegung der Sechziger war vorerst verebbt, der Traum konnte nicht weitergelebt, die Utopien nicht eingelöst werden. Selbst die eigene Anti-Mode, der »Jeans-Individualismus« war zur Allerweltsuniform, zum wohl größten Konformismus in der Kleidungsgeschichte verkommen. Was lag näher, als die Absage an den Fortschrittswahn, an die Kommerzialisierung der Anti-Mode durch den Griff in Opas Kommode zu demonstrieren: »Statt des Kamelhaarmantels aus dem Kaufhaus den Mottenpelz vom Flohmarkt«, konstatierte der Spiegel 1974.

Dieses schier unaufhaltsame Vorwärtsrasen ist wohl mit ein Hauptgrund dafür, daß Nostalgie nicht nur in der Jugendkultur, sondern auch generell – in der Mode wie im Schlager, im Kino wie in der Inneneinrichtung – ein Renner wurde: Die immer schneller werdenden Produktionszyklen lassen den Menschen immer weniger Zeit, eine persönliche Beziehung zur erworbenen Ware aufzubauen.[20] Kaum hat man etwa das neue Auto als persönliches Objekt, als individuellen Gegenstand aus der Masse identischer Fahrzeuge mit allen Macken und Mucken akzeptiert, will schon wieder ein neues Modell gekauft sein.

Bei den alten Objekten, die schon längst aus diesen Zyklen herausgeschleudert sind, kann man sich von dieser Hetze erholen. Diese Objekte sind individuell gefertigt, haben bereits eine eigene Geschichte; man muß sie nicht erst mühsam durch steten Umgang mit ihnen individualisieren. Sie sind für die Dauer gemacht. Wenn sie kaputtgehen, wirft man sie nicht einfach weg, man flickt sie. Und sie können Teil der eigenen Geschichte werden.

Das ist es, was die nostalgischen Objekte in Wahrheit niemals waren. Opas gute alte Zeit hat man nie erlebt, und in den alten Klamotten steckt ein neuer Körper und ein neuer Geist, der die Vergangenheit nur durch die Brille seiner Gegenwart sehen kann. Eine unbestimmte, unschuldige vorindustrielle Heimat also, ein verlorenes Paradies, »worin noch keiner war« (Bloch), danach sehnt sich der Nostalgiker.

Der Zeitgeist der Siebziger ließ sich ohne größere Inkubationszeit vom Sperrmüllfieber der Alternativlinge anstecken. Die offizielle Mode propagierte nach den turbulenten Sechzigern wieder in Romantik und Rüschen schwelgende Weiblichkeit und bemühte dazu Vorbilder wie Marlene Dietrich und Rita Hayworth. Kinofilme zelebrierten die verlorene Romantik vergangener Jahrzehnte. Und machten damit Mode. Viscontis »Tod in Venedig« oder »Die Verdammten« lösten »eine Modewelle aus, die sich an den Stoffen, Kleidern, Frisuren orientierte, die der auf historische Genauigkeit bedachte Visconti hatte rekonstruieren lassen«.[21]

»Bonnie and Clyde« und »Der Clou« ließen die zwanziger Jahre wiederauferstehen. Der wirkliche Clou aber war »Der große Gatsby«. *»Das ist die Gatsby-Mode«,* dekretierte ein deutsches Massenblatt 1974 schon vor der deutschen Premiere des Streifens:[22] »Der überschwengliche Luxus der zwanziger Jahre ersteht glanzvoll wieder. Die Stoffe: Chiffon und fließende Seide in Pastelltönen. Glasperlen und Paillettenstickerei geben den Kleidern Glamour ... Leuchtende Federboas über nackten Schultern, Spitze und Taft machen Frauen zum Vamp ... Dazu passen natürlich auch jene Stöckelschuhe, in denen man damals Black Bottom und Charleston tanzte. Aber auch den Männern wird der Gatsby-Look Neues bringen: Da ist der helle Hut mit dem dunklen Ripsband. Die Schiebermütze, die einreihige Weste, die breite Krawatte und ein langer Strickschal zum Pullover. Zweifarbige Schuhe oder Lackschuhe zum Smoking mit Samtjakke werden wieder modern. Und beim festlichen Anlaß: die weiße Rose im Knopfloch«.

Die Sehnsucht nach den dreißiger und vierziger Jahren schloß sich an, und schon 1978 konnte »DER SPIEGEL« über das »Heimweh nach den falschen Fünfzigern« berichten.

Aber richtig los mit dem »Fifties-Fieber« ging es eigentlich erst Anfang der Achtziger. Überall in Europa schnüffelten die »modernen jungen Männer« nach den schwarzen, spitzen Schuhen, den dunklen, schweren Anzügen, den Nyltest-Hemden und den schmalen Krawatten, in denen ihre Väter Wirtschaftswunder und Konformität zelebriert hatten. Weibliche »New Waver« (siehe »Jugend-Stile«, S. 126ff.) hielten sich an melierte Kostüme und Schmetterlingsbrillen. Auch dies war zunächst nicht pure Nostalgie, sondern Anti-Mode: gegen die zum »Verein für Räucherstäbchen und Häkeldeckchen« verkommene Stilgruppe der Alternativen ebenso wie gegen die Elterngeneration der Spießer, die sie mit der »Wiederkehr des Verdrängten«, nämlich der eigenen, so erwachsen und doch so unfrei verlebten Jugend irritierend konfrontierten. Ironisch übertreibend erfüllte man alle Elternwünsche nach ordentlichem Haarschnitt und anständiger Kleidung und verunsicherte die Alten so viel mehr als mit den längst akzeptierten langen Haaren.

Aber alle Ironie wird irgendwann ernst genommen. Bald konnte man die grisselig gemusterten Anzüge von der Stange haben und die Nierentische im Möbelcenter kaufen. Die Fünfziger Jahre als Seelentapete der Achtziger. Die Eltern konnten sich jetzt wieder in Erinnerungen suhlen, ohne gleich schief angesehen zu werden. Politiker konnten sich wieder auf Adenauer berufen, Programmkinos auf Heinz Erhardt bauen.

Auffällig war, daß so viele junge Aufsteiger von der Fifties-Welle erfaßt wurden. Sie rissen der Modeindustrie die nachgeschneiderten Anzüge, den Trödelläden den Nippes geradezu aus der Hand. Diese nach ihrer Ausbildungszeit gut verdienenden Endzwanziger stellen einerseits die konsumkräftigste Gruppe, sehen sich andererseits im für sie neuen Berufsleben nie gekannten Anforderungen gegenüber. Was liegt näher, als sich in die verantwortungsfreie Zeit ihrer Kindheit, eben in die Fünfziger, zurückzusehnen und sich das geliebte Hawaii-Hemd von damals noch einmal zu kaufen. Neben der Sehnsucht nach dem verlorenen vorindustriellen Paradies und nach romantischeren Epochen dieses Jahrhunderts als weitere Spielart also die Sehnsucht nach der Zeit der eigenen Kindheit.

Mittlerweile ist man auch schon wieder auf die sechziger Jahre verfallen. Ja, einige wollen uns heute schon die Siebziger andienen. Und manche warten gar darauf, daß die Zeit sich selbst einholt, und ihr Geist uns eine Nostalgie nach der Gegenwart beschert.

Auch wenn die Vermarktungszyklen der Mode heute schneller durchlaufen werden, ist dieser – theoretisch höchst interessante – Fall doch äußerst unwahrscheinlich. Denn, was das nostalgische Gefühl braucht, ist, daß die herbeigesehnte Zeit »unwiederbringlich« ist, vor allem aber, daß sie eine gewisse Eklipse im Bewußtsein durchlaufen hat. Die einstige Gegenwart, die für den Zeitgenossen so widersprüchlich und schwer faßbar ist wie jede andere auch, muß erst verwittern und auf den Grund unseres Gedächtnisses sinken, um dann von der Schlacke befreit, neu strukturiert, schlichter, klarer und schöner denn je wieder aufzusteigen.

Darin liegt auch das Geheimnis jener paradoxen Beziehung zwischen Mode und Nostalgie: Ist Nostalgie Protest gegen die Mode oder selbst bloße Modeerscheinung?

Wir hatten Mode ja unter anderem als Hilfestellung für die dem schnellen Wandel hinterherstolpernde menschliche Psyche definiert, als Schrittmacher, der dem einzelnen den Übergang von der überholten Vergangenheit über eine undurchschaubare Gegenwart in eine ungewisse Zukunft erleichtert, indem er ihm seine momentane Position signalisiert, die Richtung weist und den Takt vorgibt.

Die Nostalgie ist gleichsam die zweite Stufe dieses Hilfsprogramms. Wenn der Mensch trotz des Schrittmachers Mode den Anschluß verliert, wenn er sich fragt, warum er eigentlich so dahineilt, wozu er eigentlich einen Schrittmacher braucht, dann tritt die Nostalgie auf den Plan. Sie sagt ihm, wozu hasten, erst mal entspannen, setz' dich in den Ohrensessel und mach' mal Pause.

Wenn die Mode clever ist, und das war sie noch immer, stellt sie sich nicht quer, sondern spielt mit und verkauft die nostalgische Anti-Mode als neueste Mode. So werden die Ausstiegsgelüste zu bloßen Erholungspausen, die den Menschen wieder fit machen für den langen Marsch durch die Modezyklen.

Im Zeitalter der Post-Moderne ist der Gegensatz zwischen Nostalgie und Mode so gut wie aufgehoben. »Anything goes« ist das Gebot der Stunde. Ästhetizismus und Eklektizismus lauten die Schlagworte. Die Mode durchdringt alle gesellschaftlichen Bereiche und zwingt ihnen ihre Gesetze auf wie nie zuvor. Die Mode liefert jedem alle Stilelemente aus allen möglichen Kulturen und Epochen. Und sie liefert alle möglichen Mixturen: Punk-Elemente mit Rokoko-Westen und japanischen Schnitten, Krinolinen und Jeans-Jacken. Alles geht, und alles, was es einmal bedeutet hat, vergeht. Ob der Mensch mit der gefärbten Irokesenbürste wirklich ein Punk ist oder nur ein Ladenhüter in einem Schicki-Micki-Laden weiß man nicht. Alle Zeichen, die Kleidung aussendet, sind keine Aussagen mehr, sondern bloß spielerische Zitate.

So sind denn auch all die Stilelemente vergangener Zeiten, die zur Zeit in jede Mode so selbstverständlich integriert sind, nicht mehr Ausdruck eines nostalgischen Gefühls, sondern nur ein paar Mosaiksteine in einem rasch wechselnden Muster. Das nostalgische Gefühl dagegen bezieht sich immer auf einen durchgängigen Stil, braucht die Illusion eines in sich geschlossenen vergangenen Stils. Den Nierentisch zum Petticoat ebenso wie Heinz Erhardt zur Isetta.

Die Mode in der Post-Moderne hat auch der Nostalgie die Unschuld genommen. Sie von der Flucht in die gute alte Zeit in einen bloßen Farbtupfer verwandelt. In der Post-Moderne gibt es weder eine tolle Zukunft noch eine gute alte Zeit. Zeit und Raum sind aufgelöst zu einem Fernsehpotpourri, das in einer halb-dokumentarischen, halb fiktiven Live-Übertragung uns simultan Bilder aus aller Welt und aus allen Zeiten ins Wohnzimmer bringt und uns darum von dem fernhält, was hinter den Bildern stecken mag. So sind wir ständig überall und nirgends, nicht einmal in der Vergangenheit.

Popkultur und Mode: Leinwand-Königinnen, Rock'n'Roll-Helden und Miss Ellie

Eine jener neuen Mode-Sendungen, die die deutschen TV-Kanäle in jüngster Zeit ausstrahlen, trägt den schlichten Titel »Rock und Rock«. Damit ist auf fast geniale Weise die enge Verbindung auf den Nenner gebracht, die Popmusik und Mode eingehen.

Musik pur läßt sich nur schwer verkaufen, jedenfalls nicht an ein Massenpublikum. Zum hinreichend neuartigen Sound, den heute immer mehr die computerisierten Klang-Bänke liefern, muß sich ein besonderer Look gesellen. Erst diese Kombination macht das absatzträchtige Produkt aus.

Das nutzten schon die Big-Band-Musiker der Swing-Ära, wenn sie, wie der Sänger und Entertainer Cab Calloway, etwa in den überdimensionalen »zoot suit«[23] stiegen, oder die hüftschwenkenden Rock'n'Roller in ihren engen Hosen und geliebten »blue suede shoes«.

Musik und Mode als zwei bedeutsame Bereiche der populären und der Jugend-Kultur sind in unseren Tagen nur schwer auseinanderzuhalten. Der Jugend-Stil Punk etwa wurde nicht nur in modrigen Probekellern aus der Taufe gehoben, sondern eben auch in der Londoner Boutique »SEX«, deren Betreiber, Malcolm McLaren und Vivienne Westwood, den jungen wilden Musikern nicht nur mit Rat und Tat zur Seite standen (McLaren wurde Manager der »Sex Pistols«), sondern auch am Punk-Design kräftig mitbastelten.[24]

Heutzutage ist es ein offenes Geheimnis, daß Bands und Interpreten »gemacht« werden können, und daß die Art-Direktoren der Plattenkonzerne oft maßgebender sind, als die Musik-Produzenten. Man nehme eine Handvoll Musiker und sperre sie mit einem einfallsreichen Stylisten zusammen, der ihr optisches Erscheinungsbild entwirft und realisiert. Oder man nehme gleich ein paar schräg aussehende Darsteller, denen man die nötigen Gitarrengriffe oder Synthesizer-Töne beibringt. Erfolg versprechen beide Methoden.

Damit ein »Act« ankommt, muß er eben optisch ausgeklügelt sein. Ob »Duran Duran« oder »Sigue Sigue Sputnik«, jedes Härchen muß sitzen. Die maximal erlaubten Schweißtropfen sind abgezählt, wenn nicht sowieso aufgeschminkt.

Die Video-Clips, jene heute für Hit-Erfolge unerläßlichen Promotion-Filmchen, sind Visualisierung nicht nur der Musik, sie geraten oft zu einer regelrechten Mode-Show. Umgekehrt wirken die Präsentationen der Designer-Kollektionen wie Bühnenrealität gewordene Clips.

Interpreten, ihre Outfits und schließlich auch die Thematik der Songs verschmelzen in der knappen, den Werbespots entlehnten Dramaturgie der Clips. Ziel ist, dem Ganzen Unverwechselbarkeit zu geben, den Namen des Popstars mit einer bildhaften Vorstellung untrennbar zu verbinden, also letztlich auch der Ware einen Marken-Stempel aufzudrücken. Populäre TV-Kompilationen von Video-Clips wie »Formel I« in der BRD oder »The Tube« in Großbritannien tun – nur als Nebeneffekt – mehr für die Verbreitung neuer Moden als jene Hochglanz-Zeitschriften, die die Mode zu ihrem zentralen Thema gemacht haben. So verkauft sich Musik durch Mode und Mode durch Musik.

Aktuelles Beispiel der enormen Marketing-Wechselwirkung: Die Jeans-Firma »Levi's« unterlegte einige ihrer Werbe-Spots für die klassische »501« mit Soulmusik aus den frühen Sechzigern. Nicht nur die Hosen verkauften sich besser, plötzlich entstand auch eine Nachfrage nach der Hintergrundmusik, die zum Teil gar nicht mehr in den aktuellen Katalogen der Plattenfirmen zu finden war. Sam Cooke's »Wonderful World« etwa stieg, und das 22 Jahre nach dem Tod des Sängers, ganz hoch in den Verkaufscharts.

Die Plattenfirma Ariola witterte den Boom und brachte prompt eine Soul-LP mit Jeans-Cover auf den Markt: die Platte zum Werbespot also.

Musik-Moden sind wie Kleider-Moden dem schnellen Wandel unterworfen. Nur wenige Pop-Titel halten sich länger als vier Wochen in den »Top 40«, wenn sie diese Oberliga-Plätze überhaupt je erreichen.

Kleidungsstücke und Schallplatten bzw. Tonkassetten sind aber auch mehr als nur Gebrauchsgüter mit schnellem Verschleiß, nämlich Objekte, die in großem Ausmaß den individuellen Lebensstil vor allem der Jugendlichen prägen.

Die Heranwachsenden werden Teil einer Fan-Gemeinde, sobald sie einen bestimmten Musikstil bevorzugen, einen bestimmten Pop-Artisten verehren. Die Beweise der Zugehörigkeit sind vielfältig. Daß man alle Songtexte der neuen LP fehlerfrei aufsagen kann, gilt noch als leichteste Übung. Daß man begierig sämtliche Infos über Arbeits- und Liebesleben des Stars speichert, versteht sich, bildet doch dieses Wissen unerläßlichen Stoff für Diskussionen mit Gleichgesinnten. Der höchste Grad der »Helden-Verehrung« ist dann erreicht, wenn wir quasi in die Kleider des Stars schlüpfen, wenn wir uns die Haare nach seinem Vorbild zurechttrimmen, wenn wir sogar seine Körperhaltung und Gestik imitieren. Solche Identifikation mit Leitfiguren, die einen besonderen emotionalen Reiz ausstrahlen, sind für die Selbstfindung des Heranwachsenden sehr bedeutsam. Da das eigene Selbstwertgefühl noch nicht genügend ausgebildet ist, bedarf es solcher Anlehnung: Imitation und Identifikation tragen zur psychischen Stabilisierung bei. Strategien der Selbstinszenierung werden gerade im Jugendalter eingeübt. Popstars sind auf diesem Gebiet »vorbildliche« Lehrmeister, sind sie doch als Exponenten ihrer selbstkreierten Ästhetik extreme Beispiele für Selbstinszenierung.

Mit ihren exzentrischen Stil-Collagen greifen die Stars jedoch regelmäßig auf Stilisierungs-Vorarbeiten der jugendlichen Subkulturen zurück, treiben diese quasi auf die Spitze und propagieren ihr Styling durch häufige Medienpräsenz. Damit spielen sie im Mode-Prozeß eine – zumindest für Jugend-Moden – wichtige Vermittlerrolle.

Das Image des Popstars ist eine Mixtur aus Künstlichkeit und persönlicher Glaubwürdigkeit. Es ist vor allem das künstliche, das expressive äußere Bild, das leicht reproduzierbar ist und den Fans quasi auch zur Übernahme angeboten wird.

Hatten beispielsweise Elvis Presley, der »Hippie-Rock« der frühen siebziger Jahre oder Punk auch Ideologisches transportiert, der Rock'n'-Roll-König seine trotzige Rebellenhaltung gegenüber der Erwachsenenwelt, die langhaarigen Flower-Power-Kinder ihr Aussteiger-Bewußtsein, die Punks ihre radikale No-Future-Stimmung, so meinen die »We wanna be like Madonna«-kreischenden Vorstadt-Teenies nur mehr die neckischen Spitzendessous und den massiven Klunker am Ohrläppchen.

Vor wenigen Jahren, als die ersten »Wer sieht ... am ähnlichsten«-Wettbewerbe ausgeschrieben wurden, waren noch Spürsinn und Geschicklichkeit gefordert. Inzwischen bieten nicht nur Konsumtempel für 14jährige, wie das New Yorker »Madonnaland« das komplette Stil- Sortiment für den eifrigen »Klon« an. Madonnas Fingerlinge sind bereits auf den Wühltischen von C & A gelandet. Auch das ist nicht neu. Spätestens mit der Beatles-Manie in den sechziger Jahren setzte die Massenvermarktung der Star-Moden ein.

Die spitzen schwarzen Stiefeletten mit seitlichem Gummizug, die die Beatles wie andere modebewußte junge Männer zu den schmalen Hosen bereits in der Liverpooler Zeit getragen hatten, wurden als »Beatle Boots« der Renner. Ein Artikel, der dem gerade aufkommenden Geschäftszweig des Star-Devotionalien-Versandhandels zu einer ersten Blüte verhalf.

Daß auch die Haute Couture durchaus einmal Einfluß auf Pop- Mode nehmen kann, zeigt das Beispiel des Beatle-Jacketts. Als die »Fab Four« in Hamburg ihre ersten Karriere-Schritte machten, schleppte eine Verehrerin der ersten Stunde namens Astrid Kirchherr ein selbstgeschneidertes kragenloses Jackett mit vier Knöpfen an, das deutlich von Pierre Cardins letzter Männer-Kollektion inspiriert war. Die Beatles, die noch dem markigen Leder-Look der Rock-Helden anhingen, lachten nur. Erst später, als man nach einem sauberen Image für die vier suchte, wurden die Anzüge wieder ausgegraben und avancierten neben den »Pilzköpfen« zu einem frühen Markenzeichen der Band.

Die Leitbild-Funktion der Popstars funktioniert damals wie heute. Exakte Zahlen nennt eine aktuelle Untersuchung.[25] In der Altersgruppe der 14- bis 19jährigen spielen die Interpreten der Popmusik die dominante Rolle als Mode-Vorbild (bei 23 Prozent der weiblichen und 26 Prozent der männlichen Jugendlichen). Mit zunehmendem Alter jedoch weicht der Einfluß der Rock- und Pop-Künstler dem der Schauspieler von Leinwand und Bildschirm.

Diese altersabhängigen Veränderungen sind wohl vor allem auch stilistisch zu erklären: Die Mode-Vorschläge der Popstars sind oft schrill und exzentrisch und damit auf die experimentierfreudigsten, eben die ganz Jungen zugeschnitten. So sind die Nachahmerinnen von Kim Wilde, Nena, Madonna oder Boy George selten älter als fünfzehn. Schauspielerinnen oder Schauspieler verkörpern demgegenüber meist einen dezenteren, in sich geschlossenen Look.

Die Stars der Pop-Kultur stehen im Scheinwerferlicht als Personifizierung des Wandels. Sängerin und Verwandlungskünstlerin Ann Lennox von den »Eurhythmics« hat das in einem Interview aus eigener Warte beschrieben: »Es ist herrlich, sich und den Wechsel seiner Gefühle und persönlichen Situationen durch radikale visuelle Veränderungen intensiv auszudrücken.«[26] Entsprechend ist sie auch das eine Mal männlich-herb in schwarzem Herrenanzug und pomadisierter Elvis-Tolle zu sehen, dann wieder engelsgleich im weißen Organzagewand. Als Ann Lennox auf ihrer '86er Tournee im feuerroten BH auftrat, beschrieb eine Musikzeitschrift die Wandlung der bislang auf »neue Androgynität« festgelegten Sängerin mit dem Kommentar: »Erst hatte sie die Hosen an, jetzt zieht sie die Bluse aus.«[27]

Angesichts der sich schier überschlagenden Looks müssen die Fans große Flexibilität beweisen. Der Sieger eines Boy-George-Ähnlichkeitswettbewerbs konnte es nicht fassen, als er endlich seinem – akribisch imitierten – Vorbild gegenüberstand – und einen Herrn mit dicker Hornbrille und glatt gestriegeltem Haar erblickte. Der Star hatte Gestalt und Gestaltung inzwischen geändert. Die Bilder der Staatsmänner an den Wänden der Amtsstuben müssen erst nach deren Tod ausgewechselt werden, die Popstars an den Wänden der Jugendzimmer veralten monatlich.

Daß man sich in der Popmusik bei allem Wandel gerne von Altbewährtem inspirieren läßt, daß man frech zitiert oder gar ganze Stile wiederbelebt, ist gang und gäbe. Die mit aller Medienmacht forcierten Revivals von Jazz, Soul oder Folk sind Beispiele für die mitunter auch kreative Art der Vergangenheitsbewältigung.

In ganz ähnlicher Weise sind auch die Schöpfungen der Pop-Moden selten originär. Vielmehr werden sie aus allen möglichen Klamottenkisten zusammengeklaubt und zu bunten Collagen verbastelt. So unterschiedliche

Figuren der Popmusik wie David Bowie, Elton John und eben auch Boy George sind Meister der immer wieder neuen Kombination auch und gerade widersprüchlicher Elemente. Diese Art der verblüffenden Neuheit macht das Wesen der Pop-Kultur aus, die ja gerade nicht »echt« ist wie die sogenannte Hoch-Kultur, sondern mit der Echtheit des Vereinnahmten nur spielt.

Das Stil-Recycling erreichte jüngst mit Madonnas letztem Streich eine neue Qualität: Das Idol von heute kopiert das Idol von gestern. Madonna wurde zunächst als schillernde Mischung aus Minnie Mouse und »Material Girl« zum Schwarm der vereinigten 12-jährigen Weiblichkeit Amerikas und Europas. In Songs wie »Like A Virgin« spielte sie das brave katholische Mädel und die Vorstadt-Sexbombe zugleich. Der Widerspruch wurde in Madonnas Outfit, und damit in dem ihrer Millionen Verehrerinnen auf die Spitze getrieben: Zu Minirock und nabelfreiem Hemdchen, unter dem ein Spitzen-Büstenhalter hervorblitzt, wurden Rosenkranzkette und großes Kreuz kombiniert – das Kruzifix als Modeschmuck.

Die Vermarktung ließ sie sich nicht aus der Hand nehmen. Für den weltweiten Vertrieb des blasphemischen Modeschmucks und einer Madonna-Kollektion namens »Waxoo« wurden flugs eigene Firmen gegründet.

In ganz neuem Gewand erschien das Teenie-Idol – mittlerweile 28 geworden – dann in dem Film »Shanghai Surprise«. Durch die Stil-Brille betrachtet tatsächlich eine Überraschung. Der kesse Lolita-Look war nämlich einer eleganten Erscheinung ganz im Stil der fünfziger Jahre gewichen. Statt der notorisch verwuschelten Lockenpracht weich gewelltes Platinblond, statt der Bonbon-Schminke ein fast dezentes Make-up und statt der bauchfreien Strampel-Montur enge knielange Röcke und atemberaubende Korsagen in klassischem Schwarz.

Ausgerechnet Marilyn Monroe hat sich Madonna als Vorbild ausgesucht. Die Monroe war *das* Glamour-Wesen der Nachkriegszeit, die Sex-Göttin, die alle Männer vom Tankwart bis zum Star-Autor in ihren Bann zog. Sie war zwar ein Kunst-Geschöpf, strahlte aber auch viel Wärme und naive Unschuld aus. Und über ihrer Biographie liegt ein Hauch von Tragik.

Wenn Madonna das Monroe-Image nun in die kühlen Achtziger transportiert, geht wohl gerade für die ganz jungen Fans, die die Monroe höchstens als das süße Dummchen in »Some Like It Hot« kennen, viel von den komplexen Konnotationen verloren. Was bleibt, ist Hülle und pure Gestik und damit nicht mehr als ein neues Kostüm im Zeichen des Retro-Chic.

Die Monroe war eine »Schöpfung« Hollywoods. Die kalifornische »Traumfabrik« stellte seit den dreißiger Jahren die Idole und damit auch die modischen Vorbilder, bis nach und nach die neuen Superstars der Popmusik das Zepter übernahmen.

Jedoch haben auch einige Schauspieler den Status eines Pop-Stars erreicht. Marlon Brando trug in den Filmen »Endstation Sehnsucht« (1951) und »Der Wilde« (1953) die Urform der Rocker-Kluft: ausgebeulte Jeans, stets verschwitztes T-Shirt, Lederjacke, dazu schwere Motorradstiefel oder Basketball-Schuhe. Es ist nicht nur dieses Outfit, das in die Kostümgeschichte der Jugendkultur einging. Es ist dieser trotzige Typ mit dem skeptischen Blick, seine Verkörperung des Außenseiters und Rebellen. Das Brando-Image wird zum Vorbild der Beatniks und der frühen weißen Rock'n'Roll-Helden. Der Journalist Hunter S. Thompson hat das Gefühl auf den Nenner gebracht: »Wir waren alle Marlon Brando.«

Marlon Brando bei Kostümproben zu „Endstation Sehnsucht"

Ein ähnliches Phänomen stellt der von Sylvester Stallone Anfang der achtziger Jahre verkörperte brachiale Outlaw Rambo dar.

In diesem Typus verschmelzen prototypische Einzelkämpfer wie Herkules, Tarzan, Zorro oder auch Robin Hood. Im korrupten Großstadtdschungel führt Rambo, ganz auf sich gestellt, den Kampf der letzten Gerechten. In einer undurchschaubaren, hochtechnisierten Welt wird das Faustrecht als letztes Mittel der Selbstbehauptung wieder eingeführt. Dies erschien den orientierungslosen Großstadt-Kids als plausible Konsequenz. Bald sah man sie in Rambo-Pose durch die Straßenschluchten patrouillieren, die Plastik-Maschinenpistole als monströses Accessoire über der muskulösen Schulter.

Neben den als Stil-Bildnern wirkenden Leinwand-Idolen gab und gibt es immer wieder ganze Filme, die wegen ihrer Kostüme und ihrer Ausstattung Mode-Trends auslösen.

Celluloid-Werke wie »Bonnie and Clyde«, »Der große Gatsby« oder »Amadeus« wirkten sogar bis in die Massen-Mode hinein. Daß auch die großen Couturiers nicht nur die Straßen-Mode analysieren oder sich durch die Kreationen unbekannter Disco-Queens anregen lassen, sondern auch

„Kolonial-Look": Meryl Streep in „Out of Africa"

mal ins Kino gehen, erwies sich Anfang '86. Karl Lagerfeld und sein Kollege Claude Montana etwa zeigten sich in ihren Kollektionen deutlich von den gerade aktuellen Filmen »Out of Africa« oder »Passage to India« inspiriert.

Anfang '87 bietet das Kino an der Ecke wieder eine ganze Stil- Palette an: Südstaaten-Country-Look („Die Farbe Lila«), jungfräuliche Romantik („Zimmer mit Aussicht«) oder pubertäre Petticoat-Nostalgie („Peggy Sue hat geheiratet«).

Mit dem Aufkommen des Fernsehens in den fünfziger Jahren zogen sich die Erwachsenen aus den Lichtspieltheatern zurück und nahmen allabendlich in den heimischen Sesseln Platz. Das Kino blieb den Teenagern quasi als herrschaftsfreier Raum überlassen. Fortan waren es vor allem TV-Serien, die von Aber-Millionen verfolgt, auch modische Trends setzen konnten. Während die bundesdeutschen Produktionen, seien es Familiendramen oder Krimi-Serien, eher alltägliche Kleidung zeigen, die ohnehin von den Massen getragen wird (Inge Meysels Hemdblusenkleid oder die Schimanski-Jacke, die es als namenlose Windjacke schon zuvor gab), brachten anglo-amerikanische Serien durchaus auch glamouröse Kleidungsstile auf den Bildschirm: vom frechen Mini der Emma Peel (in »Schirm, Charme und Melone«) bis zu Alexis' mondänem Vamp-Look (in »Denver-Clan«).

Wenn auch Deutschlands Herren keinen Stetson-Hut tragen, weil dies »Dallas«-Oberhaupt J.R. tut, so hat doch der elegante, sehr feminine Stil der nicht mehr so ganz jungen »Dallas«- und »Denver«-Damen Wirkung auch in Europa gezeigt.

Gerade Alexis Colby alias Joan Collins vermittelt der Gruppe der Frauen um die fünfzig, daß sie modisch noch nicht zum alten Eisen zählen und sich auch auffallend und sexy kleiden können. Und Miss Ellie ist nicht nur die bezaubernd jugendliche Oma, sondern auch immer flott, fern jeder Rentner-Tristesse angezogen.

So tummeln sich heute nicht nur die Mode-Vorbilder der ganz jungen emsigen Video-Clip-Konsumenten in den TV-Kanälen, sondern auch die von Altersgruppen, die sich im Zeichen des Jugendkults von der Mode vergessen glaubten.

Nicht nur Kleidung kleidet

Beispiel erste Haut: »Haut-Couture«

Mit dem Make-up und Puder ‚Teint Dior' wird ihr Teint gleichmäßig hell und glatt. Tragen Sie den intensiven Grünton ‚Jade' mit seinen metallischen Perlmutteffekten außen um das Auge auf. Dann als Kontrast das betörende Violett unter dem Brauenbogen. In die Mitte unterhalb der Brauen geben Sie einen Hauch des Kupfertons ‚Chaud' und verwischen ihn leicht. Jetzt tragen Sie den warmen Glanz von Altgold im inneren Augenwinkel auf. Nun ist der Blick geheimnisumwittert und kühn. Und Ihre Augen kommen stark zur Geltung.

Den Wimpernrand betonen Sie mit dem azurblauen Eyeliner-Stift ‚Bleu Sud'. Das gibt den Augen die Tiefe einer dämonischen Verführung. Tuschen Sie jetzt die Wimpern mit der wasserfesten Mascara ‚Diormatic' schwarz. Oder, wenn Ihr Blick noch mehr verwirren soll: Hexenbraun.

Modellieren Sie die Wangen mit ‚Blanche nuance modelation en rose'. Tragen Sie zuerst den lebhaften Farbton auf, und pudern Sie dann mit der hellen Nuance bis zu den Schläfen ab.

Wenn Sie den Lippenstift ‚Rouge feu' mit dem Pinsel auftragen, lodert auf Ihren Lippen feurige Glut.

Sie sind immer noch Sie selbst, aber Sie sind eine andere Frau![1]

Ja, was denn nun? Eine andere oder Sie selbst. In diesem Paradoxon steckt das zweifache Bedürfnis, das der modernen »Gesichtsbemalung« zugrundeliegt.

Einmal will die Frau, die sich schminkt, ihre Individualität ausdrücken. Andererseits ist Kosmetik auch der Mode ausgesetzt, es werden also bestimmte »Gesichter« propagiert und entsprechend nach bestem Vermögen nachgeahmt.

Die »zweite Haut« des Menschen, die Kleidung, kann man leicht austauschen, wenn sie zu eng, verschlissen oder aus der Mode ist. Mit der ersten Haut ist das nicht so einfach. Von diesem Dilemma leben so unterschiedliche Branchen wie Fitness-Center, »Schönheitschirurgie« und eben auch die Kosmetikindustrie.

All diese professionellen und kommerziellen Anstrengungen dienen dazu, das »body image« aufzupolieren. Das Bild vom eigenen Körper macht einen wichtigen Aspekt der Selbst-Konzeption eines jeden Menschen aus. Das gilt insbesondere auch für das Gesicht. Wir schauen einander ins Gesicht, wenn wir miteinander sprechen. Mimik ist eine Hauptkomponente der nonverbalen Kommunikation. Sinnfällige Begriffe wie »Gesichtsverlust« oder »das Gesicht wahren« kommen nicht von ungefähr.

Wir können unser wirkliches Gesicht nicht unmittelbar wahrnehmen, sondern sehen es immer nur vermittelt durch Spiegel (seitenverkehrt und entsprechend verzerrt) oder Fotografien (zweidimensional, schwarz-weiß oder in künstlicher Farbgebung).

Unser wahres Gesicht ist uns fremd, und wir empfinden deshalb Unsicherheit. Schminke kann unsere Identität insofern herstellen, als wir uns das Gesicht aufmalen, das wir als unser Gesicht ansehen.

Wie eine Untersuchung zum Thema[2] erbrachte, erfahren Frauen, die sich regelmäßig schminken, ungeschminkt tatsächlich einen Identitätsverlust. Erst das geschminkte Gesicht wird als das »eigene« Gesicht anerkannt.

Entsprechend ist auch die Schmink-Prozedur aufgebaut: Das »natürliche« Gesicht wird mit Grundierung und Puder (in früheren Zeiten benutzte man dazu zum Beispiel weißes Reismehl) sozusagen getilgt, einem »unbeschriebenen Blatt« gleichgemacht, um dann darauf eine neue Physiognomie einzutragen.

Das »bekleidete« Gesicht ist wie der bekleidete Körper Moden unterworfen. Das gilt für das jeweils gültige formale Schmink-System ebenso wie für gewisse »Schönheitsideale«, etwa die Hautfarbe.

Erst mit Aufkommen des Sports als gesellschaftlich anerkannte Freizeitbeschäftigung wurde der sonnengebräunte Teint zum Synonym für Aktivität, Gesundheit – und Erfolg. Zuvor wurde braune Haut mit körperlicher Arbeit im Freien assoziiert und galt damit als vulgär. Die den Müßiggang pflegenden Angehörigen der oberen Schichten trugen »vornehme Blässe«, die mit vielerlei Objekten (Sonnenschirme, Schleier, Hüte) und Substanzen (zum Beispiel »Weißmacher« wie Eselsmilch, Bleiweiß als Tinkturen, weißes Hühnerfleisch als Kompresse) erhalten wurde. Oberstes Ziel war es, eine derart weiße Haut zu haben, daß das Pochen des »blauen« Blutes durchscheint.

Eine Renaissance des Bleichgesichts deutet sich in unseren Tagen an, und dies nicht nur aufgrund der Angst vor Krebs. Ungesunde Blässe war bereits Teil der Punk-Ästhetik. Die jungen Männer der »New Wave« in den Neonbars zeigten durch fahle Wangen, Augenringe und Drei-Tage-Bart an, daß sie die Nacht zum Tage machten. Das kurzlebige Neo-Rokoko (»Amadeus, Amadeus . . .«) basierte ohnehin auf weißer Teintgrundierung. Für diese Stil-Avantgardisten schaut ein braungebranntes Gesicht – heutzutage oft künstlich durch Sonnenbank oder »selbstbräunende Cremes« hergestellt – zu natürlich und gesund aus.

Seine Bedeutung als Statussymbol hat Braun-Sein schon länger verloren. Die Zehnerkarte für das Solarium oder die Pauschalreise an südliche Gestade sind in der Massen-Freizeitgesellschaft erschwinglich geworden. Und braune Haut zu Markte zu tragen, gehört entsprechend nur noch in den »Stil-Baukasten« der bemühten sozialen Aufsteiger – wie das Surfbrett auf den Golf.

Ebenso wie ein neues Kleidungsstück das Verhalten seines Trägers ändert, bleibt auch die Anwendung eines neuen Schmink-Systems nicht ohne Folgen: »Sie sind eine andere Frau.«

Ob Lolita mit rosa Schmollmund oder Vamp mit loderndem Blick – die Benutzung von derartigen Schmink-Modellen macht Gesichter zu Zitaten, die auf andere (Vorbild-)Gesichter verweisen.

Als sich die Frauen zu Beginn dieses Jahrhunderts wieder zu schminken begannen – die Masse der Männer hatte die Farbtiegel und Puderquasten gegen Ende des 18. Jahrhunderts beseite geräumt – waren es zunächst die berühmten Filmschauspielerinnen, die die Schmink-Moden bestimmten. Gloria Swanson, Jean Harlow, Grace Kelly, Marilyn Monroe oder Elizabeth Taylor prägten das jeweilige Schmink-Ideal der Zeit. Was die »Mütter« der Kosmetikindustrie, Elisabeth Arden und Helena Rubinstein in ihrer Werbung versprachen, wurde Wirklichkeit. Das Mädchen von der Straße kann wie ein Filmstar aussehen.

Hatten die Divas des Stummfilms sich aufgrund des Mediums ganz auf Schwarz-Weiß-Kontraste kapriziert und auf die dramatische Ausdruckskraft ihrer schwarzumflorten Augen gesetzt, betonten die Sexgöttinnen der fünfziger und sechziger Jahre, sei es die Monroe oder die Bardot, vor allem die Lippen.

Die gesamte Gesichtsform, Mund und Augenpartie sind durch die jeweilige Schmink-Mode bestimmt. Und die Ideale wechseln: vom sanften ovalen Antlitz der gotischen Jungfrau bis zu den kantigen Gesichtszügen einer Grace Jones.

Wesentliche Auswirkungen auf Gesichtsproportionen und -ausdruck haben Form und Stärke der Augenbrauen. Völlig ausrasierte Brauen nehmen dem Gesicht viel von seinem individuellen Ausdruck – es entsteht ein emotionsloser, fast leerer Blick. In den dreißiger, vierziger Jahren gehörte es zur üblichen Schmink-Praxis, auf den blank gezupften Stirnansatz einen künstlichen Brauenbogen zu malen. Jene hoch gezogenen Rundbögen gaben den Gesichtern der Frauen oft ein recht naives oder auch schutzbedürftiges Aussehen. Die selbstbewußte Frau von heute trägt dagegen »naturgewachsene« Brauen. Es wird nicht mehr so viel zurechtgezupft und in Form getrimmt, vielmehr sind dichte, »energische« Brauen angesagt: Der Balken *über* dem Auge ist in Mode.

In bestimmten Zeiten der Schmink-Geschichte wird das Auge durch schwarze Umrandung, durch falsche Wimpern und mehrfarbige Lidschatten besonders stark betont. Dann tritt das gesamte Gesicht zugunsten der akzentuierten Augen zurück, deren Wirkung Baudelaire mit einem »offenen Fenster ins Unendliche« verglichen hat.

Zum Unergründlichen gesellt sich der kühle, kontrollierende Blick. Das Auge ist das Organ, das Kontakt immer auf Distanz herstellt und die Umwelt kritisch kontrolliert. Durch ein ausgeprägtes tiefschwarzes Augen-Make-up gab etwa die Muse der Existenzialisten Juliette Gréco ihrem Gesicht den Anstrich von Distanziertheit und Überlegenheit. Ihr Mund als »Sitz der Sinnlichkeit« blieb demgegenüber blaß.

Im Volksmund gelten Form und Farbe der Lippen als sichtbar getragene Widerspiegelung des weiblichen Geschlechtsteils. Der in tiefem Rot voll ausgemalte Mund signalisiert sexuelle Lust. Und ewig lockt das Weib: Brigitte Bardots berühmter Schmollmund als Zeichen von Triebhaftigkeit und Zügellosigkeit. So ist Kosmetik nach wie vor mit Erotik und Sex verknüpft. In prüderen Zeiten als den unseren – so im viktorianischen Zeitalter – galten Benutzer von Kosmetik, ob Mann oder Frau, als hochgradig unmoralisch. Der Schminke bedienten sich die Mitglieder der verruchten Halbwelt, die homosexuellen Dandies oder die berühmten Kurtisanen, um sich attraktiver zu gestalten.

Der Geschmack der Bourgeoisie verbot jede Art von »indiskreter Aufmachung«, sei es die Verwendung von Puder, von Parfüms oder reizvoller Unterwäsche. Ganz zu schweigen von modischen Neuheiten wie kleinen Tätowierungen auf der Schulter und anderswo oder dem Tragen von kleinen Goldringen in den durchbohrten Brustwarzen. Blieben diese Zeichen vorläufig – nämlich bis zur Punk-Ära – noch im Verborgenen, trat das Make-up, zunächst von den jungen berufstätigen Frauen übernommen, seinen Siegeszug an. Richard Sennett feierte die Kosmetik als »einzigen mutigen Widerstand gegen die viktorianischen Sitten.[3]

Ist das geschminkte Gesicht schon an einem modischen Modell orientiert, so gilt dies heute auch für den ganzen Körper. Die modernen Bodybuilding-Maschinen (»Ohne Schmerz kein Zugewinn«, so der Werbespruch eines Herstellers) oder die schweißtreibenden »Workout«-Programme ermöglichen es, den Körper nach eigenen Vorstellungen umzugestalten: Jeder ist seines Körpers Schmied.

Wo die eigenen Möglichkeiten an Grenzen stoßen, setzt die eigentliche »Haut-Couture« an. Skalpell und Tätowiernadel gehen unter die Haut und vollführen Eingriffe, die nur schwer wieder zu revidieren sind.

Der Gang zum »plastischen Chirurgen« etwa ist schon lange nicht mehr nur den Oberen Zehntausend vorbehalten. Die umgangssprachlich auch »Schönheitschirurgen« genannten Spezialisten verhelfen zu dem, was die Natur verweigert. Es werden Nasen neu modelliert, es werden Busen gestrafft oder Fettpölsterchen entfernt. Die Schauspielerin Muriel Hemingway ließ sich eigens für eine Filmrolle den Busen vergrößern, weil es das Drehbuch so vorschrieb. Die medizinischen Formgeber kämpfen auch gegen die Zeichen des Alters. Runzeln werden mit Silikon und ähnlichen Materialien ausgepolstert wie die Faltenwürfe eines alten Sofas. Face-Lifting, der chirurgische Generalangriff auf erschlaffte Züge macht aus jedem ausgeprägten Gesicht eine alterslose glatte Maske. Deshalb sehen auch amerikanische Politikergattinnen und emeritierte Hollywood-Schauspielerinnen oft wie Schwestern aus.

»Mein Gesicht ist geliftet, meine Nase ist feiner, und meine Augen wurden schon vor langer Zeit gemacht. Und nun schreien auch meine Arme: „Was ist mit uns?"«

Joan Rivers, 49
US-Talkmasterin

Auch die Tätowierstudios haben nach langen mageren Jahren wieder Konjunktur. Adolf Loos schrieb in seinem Essay »Ornament und Verbrechen« bereits zu Beginn unseres Jahrhunderts: »Wer sich tätowiert, ist ein Verbrecher oder degenerierter Adeliger.« Dieses Vorurteil sollte sich lange halten.

In Ostasien hat Tätowierung dagegen eine lange, reiche Tradition und ist als eigenständige Kunstform anerkannt. Deren phantastischste Werke sind farbige Ganzkörpertätowierungen, sogenannte japanische Anzüge, die sich zum Beispiel Mitglieder einflußreicher Geheimbünde stechen lassen. Diese kunstvoll symbolreichen Tätowierungen gelten als Zugehörigkeitsbekenntnis und Treueversprechen auf Lebenszeit. Man mag die Meinung, die Gruppe oder die Geliebte wechseln, die Zeichen unter der Haut lassen sich nicht so einfach auslöschen.

Seeleute, die die Südsee befahren haben, importierten die ersten »Haut-Bilder« Anfang des 18. Jahrhunderts nach Europa. Polynesischen Ursprungs ist auch das englische Wort Tattoo, das von ta-tau, dem auf Tahiti gebräuchlichen Wort für Malerei, hergeleitet wird.

Tätowierung blieb jedoch nicht nur auf das Matrosen-Milieu beschränkt, selbst Angehörige europäischer Fürstenhäuser leisteten sich die Extravaganz einer dezenten Tätowierung.

Auch heute lassen sich nicht mehr nur rauhe Seeleute oder Rocker ein passendes Bild aus dem Musterbuch des Meisters der Nadel in die Haut sticheln, sondern auch junge Modebewußte, die Tattoos als hübsches Accessoire betrachten. Die kleine Blume am Po der Studentin oder die Comic-Katze mit Schmalztolle am Oberarm des Rockabilly-Fans sind nichts weiter als amüsante »Fun«-Kunstwerke, die wie eine neue bunte »Swatch« rasch erworben, aber nicht so schnell wieder abzustreifen sind.

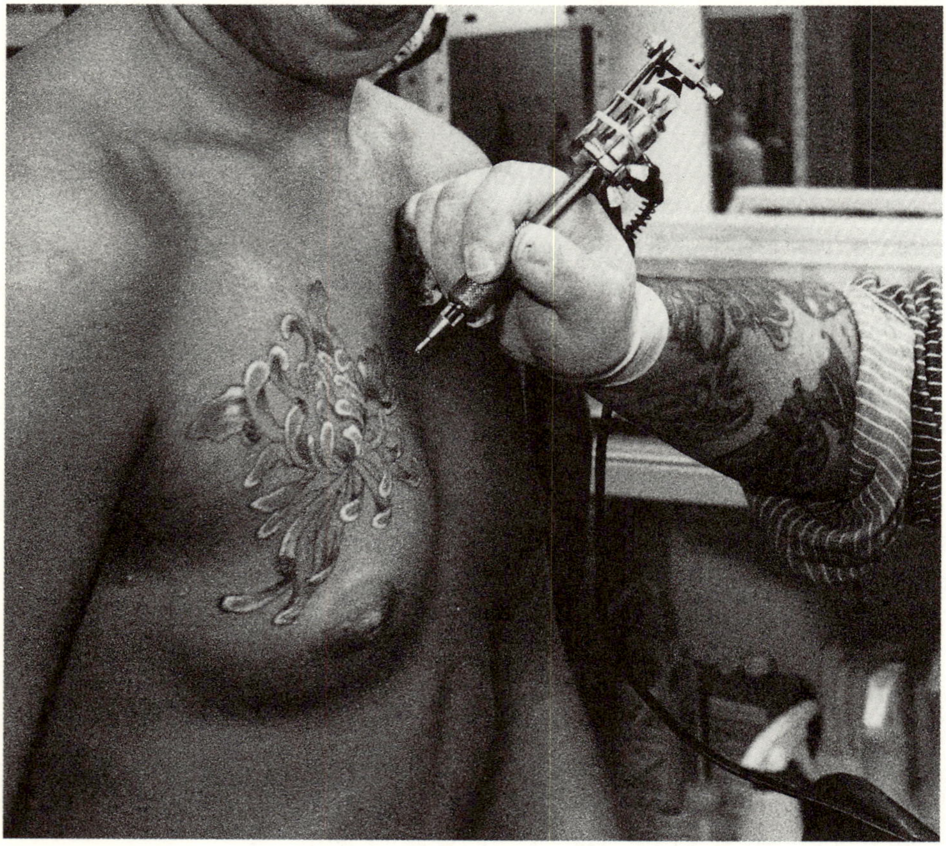

Beispiel Accessoire: Ohne Brille wär' das nicht passiert

Wenn uns das Lexikon belehrt, die Brille sei eine »aus Brillenglas und Brillengestell bestehende Vorrichtung zum Ausgleich eines Brechungsfehlers der Augen«, so ist das gewiß nicht falsch, aber doch nur die halbe Wahrheit.

Denn warum hätte sonst ein so gescheiter Herr wie der von Goethe es so tunlich vermeiden sollen, seine Kurzsichtigkeit in Gegenwart von Damen zu korrigieren? Warum sonst sollten so viele sehbehinderte Autofahrer und -fahrerinnen ihre »geeigneten Augengläser« im Etui lassen, anstatt damit ihren verkehrsgefährdenden Brechungsfehler zu kompensieren? Warum sollten andererseits so viele bereits mehrfach bebrillte Fernsehzuschauer die offenen Türen der Optiker einrennen, nur um eine der von Herrn Fuchsberger und anderen vorgeführten Halbbrillen zu erstehen?

Die Brille als Ausdrucksmittel ist wohl sehr viel älter als das optische

Instrument Brille. So sollen schon vor unserer Zeitrechnung chinesische Mandarine große Brillen ohne optische Wirkung getragen haben, um noch würdevoller und respekteinflößender zu erscheinen.

Die Geschichte der Brille als Sehhilfe beginnt dagegen erst im 11. Jahrhundert mit der Beschreibung eines sogenannten »Lesesteins« durch den arabischen Gelehrten Ibn el Heitham.

Der Lesestein war ein halbkugelförmig geschliffener, lichtdurchlässiger Stein, den man wegen seiner vergrößernden Wirkung direkt auf das Schriftstück legte. Diesem Halbedelstein, dem »Beryll«, verdankt die Brille auch ihren Namen. Im 13. Jahrhundert verbesserten Mönche, vorwiegend Franziskaner, diese einfache Lesehilfe entscheidend. Sie umgaben primitive Linsen mit Fassungen aus Leder, Holz, Horn oder Metall, vernieteten je zwei von ihnen zu einer Art Gestell, das, wenn auch nicht gerade sicher, so doch immerhin auf dem Nasenrücken saß.

Von Venedig aus, wo zuerst so etwas wie ein Brillenmacherhandwerk entstand, traten die Augengläser dann relativ rasch ihren Siegeszug um die Welt an. Die Entwicklung der Brille in der heute üblichen Form ließ allerdings noch auf sich warten: Erst im 18. Jahrhundert brachten englische Optiker Brillen mit Ohrenbügeln auf den Markt.

Schon sehr früh begann man, dem Träger einer Brille gewisse typische Eigenschaften zuzuschreiben. So erscheint die Brille in Emblemen und allegorischen Darstellungen des Mittelalters oft als Symbol des Lichts, des Wissens, des Hellsehens, des Alters, aber auch des Narrentums und des betrügerischen Hokuspokus.

Für die meisten dieser zum Teil widersprüchlichen Aussagen gibt es sehr plausible Erklärungen. Es waren eben etwa nur die Gebildeten, die Gelehrten, die lesen und somit auch eine Lesehilfe gebrauchen konnten. Außerdem waren die ersten Linsenkonstruktionen nur in der Lage, die Alterssichtigkeit auszugleichen, während die zur Behebung anderer Augenfehler notwendigen Linsenformen erst relativ spät aufkamen. Brillenträger waren demnach, statistisch gesehen, tatsächlich gebildeter bzw. älter als ihre Zeitgenossen.

Das damals so auffällige Nasenfahrrad war auch festes Requisit der Narren und Possenreißer, die die Vorlagen für ihre Parodien übrigens nicht nur in der gelehrten Welt, sondern auch in Modetorheiten höfischen Geckentums fanden: An den spanischen Fürstenhöfen des 16. und 17. Jahrhunderts etwa galten überdimensionierte Hornbrillen bei Damen wie bei Herren als der letzte Schrei.

Daß die fahrenden Quacksalber der Versuchung, die Brille als Beleg ihrer Seriosität in ihre Vorführungen einzubauen, nicht widerstehen konnten, versteht sich fast von selbst. Kein Wunder, daß das Tragen einer Brille bald mit einer betrügerischen Absicht assoziiert wurde. Der Teufel durfte da nicht fehlen: Bei den französischen »Diableries«, mittelalterlichen Volksfesten, gehörte die Brille zum Kostüm des Bockshufigen. Von Robespierre wird berichtet, auf seinem guillotinierten Haupte habe noch die dunkle Brille gesessen, die er zu Lebzeiten getragen habe, um den wahren Ausdruck seiner Augen zu verbergen. Noch heute interpretiert man den Traum von einer Brille als Hinweis auf eine bevorstehende Täuschung.

Allerdings ist die Brille heute längst nicht mehr an bestimmte Berufs- oder Altersgruppen gebunden. Dennoch gibt es weiterhin Stereotype wie das vom bebrillten Intellektuellen oder das von der häßlichen Brillenschlange. Es läßt sich nicht leugnen: Die Brille ist ein Accessoire, das den Ausdruck des Gesichts bedeutsam verändert.

Untersuchungen, bei denen Personen aufgrund von Fotos, die sie entweder mit oder ohne Brille zeigten, hinsichtlich verschiedener Eigenschaften eingeschätzt wurden, brachten einigermaßen konstant folgende Ergebnisse:

Brillenträger werden in der Regel für intelligenter, eifriger, genauer und geduldiger gehalten als Menschen ohne Brille. Sobald allerdings Gefühl, Charme und überhaupt vitale Qualitäten gefragt sind, geraten sie ins Hintertreffen: Man findet sie älter, auch nicht so hübsch und gesund. Vor allem gesteht man ihnen weniger Sex-Appeal zu.

Ein anschauliches Beispiel dafür, daß das, was wir tragen, nicht nur den Betrachter, sondern auch unsere eigene Einschätzung beeinflußt, liefert eine amerikanische Untersuchung: Versuchspersonen mußten einen Intelligenztest zweimal durchführen, einmal mit und einmal ohne Brille. Obwohl ihre Leistungen beide Male gleich gut waren, glaubten viele, mit Brille besser abgeschnitten zu haben. Auch beschrieben sie sich mit Brille als kompetenter, belesener und beständiger.

Wie kommen solche Assoziationen zustande? Die Brille sitzt keineswegs einfach nur als Fremdkörper im Gesicht, sie wird in das Gesamtbild ihres Trägers aufgenommen. Psychologen haben die Brille als eine sogenannte »schwache Gestalt« bezeichnet, womit gemeint ist, daß die Details der Brille dazu neigen, optisch mit denen der Gesichtszüge zu verschmelzen. Eine Konsequenz daraus scheint auf den ersten Blick verblüffend: Je unauffälliger eine Brille ist, desto mehr verschmelzen ihre Details mit dem Gesicht, desto eher werden die von ihr hervorgerufenen Ausdruckswirkungen dem Träger selbst zugeschrieben.

Solche Ausdruckswirkungen kommen dadurch zustande, daß die Brille je nach Form und Größe gewisse Aspekte der Augenpartie imitiert und betont, während sie andere abschwächt.

So konkurriert der obere Rand des Gestells mit den Augenbrauen. Diese werden in der Regel betont, verlieren aber für den Betrachter ihre Beweglichkeit. Ihr aufschlußreiches mimisches Spiel wird ersetzt durch monotone Starrheit, die den Brillenträger gleichmäßiger und geduldiger, dafür aber weniger lebhaft und dynamisch erscheinen läßt.

Der Steg unterbricht den fließenden Übergang zwischen Nasenrücken und Stirn und verbindet die (künstlichen) Brauen meist auf der tiefer liegenden Nasenwurzel. Der so entstehende Ausdruck gleicht dem heruntergezogener Brauen, der ja bekanntlich für Ernst, Strenge und Kritik steht.

Die Fassung als Kontur hebt die Augen hervor, indem sie sie einrahmt und vom übrigen Gesicht isoliert. Durch diese Zentrierung wirkt der Blick schärfer, durchdringender.

Auch der Glanz der Brillengläser hat seine Wirkung. Ihr Glitzern und Funkeln überspielt den natürlichen Glanz der Augen, ein oft bemühtes Symbol für Jugend, Enthusiasmus und Lebensfreude. Statt von den beweglichen, lebendigen Augen wird das Licht vom kalten Glas zurückgeworfen, der Blick wird entsprechend kühler.

All diese Wirkungen passen nicht gerade in das traditionelle Stereotyp des »Weiblichen«. Man hat deshalb auch schon von einem »natürlichen Gegensatz« zwischen Frau und Brille gesprochen. »Mein letzter Wille, Frau mit Brille«, lautet ein alter Macho-Spruch. Die amerikanische Schriftstellerin Dorothy Parker hat, weniger gehässig, die Kehrseite formuliert: »Men don't make passes at girls who wear glasses«. Ein schon sehr alter französischer Spruch behauptet das Gleiche, allerdings mit umgekehrten Vorzeichen: »Bonjour lunettes, adieu fillettes!«

In älteren Untersuchungen wurden Brillenträgerinnen von Frauen und Männern durchweg für unsympathischer befunden als ihre baräugigen Geschlechtsgenossinnen. Den Männern dagegen brachte eine Brille nicht gar so große Sympathieverluste. Man hat das damit zu erklären versucht, daß die Brille dem Gesicht die »weibliche Weichheit« und dem Blick den »weiblichen Glanz« nähmen. Naja.

Zum Glück hat sich mittlerweile das Bild der Frau doch erheblich gewandelt. Ganz entscheidend hat sich aber auch die Brille selbst verändert. Vom Krankenkassengestell, dieser entstellenden Krücke für Sehbehinderte, hat sie sich zum modischen Accessoire gemausert.

Diese Entwicklung verdankt sich zum einen dem Durchbruch der zur Schmuckbrille prädestinierten Sonnenbrille, die als Symbol für Sonne, Urlaub, Freizeit vorwiegend angenehme Assoziationen weckt. Zum anderen der Tatsache, daß die Brillenmacher mehr und mehr den lange geltenden Grundsatz aufgegeben hatten, die Randbegrenzung des Glases sei symmetrisch zur Pupille zu halten. Damit war der Weg frei für ein relativ beliebiges Spiel der Formen, die zum Teil sogar in der Lage sind, den generellen Ausdruckswirkungen der Brille entgegengesetzte Effekte zu produzieren.

So erinnert ein schwerer, dunkler oberer Rand an markante, kräftige Augenbrauen, zu denen oft Kraft und Männlichkeit assoziiert werden. Ein Beispiel für eine Brille mit dominanten Konturen ist die markante »Macherbrille« – rechteckig, mit starkem, dunklem Rand und betonten Bügeln. »Quadratisch, praktisch, gut«, strahlt sie solide Sachlichkeit aus. Ihr Träger, so suggeriert sie, macht keine Experimente, handelt nicht nach Gefühlen, Träumen und Ideen.

Das konventionelle Gegenstück zur Macherbrille ist die unscheinbare, zerbrechliche »Intellektuellenbrille« – im Klischee mehr oder weniger rund mit schwach ausgeprägtem Gestell. Der fehlende oder nur angedeutete obere Rand erinnert an schwache, undeutliche Brauen, denen ja das Vorurteil mangelnder Tatkraft anhängt. Die Ausdruckswirkung der betonten Pupille wurde ja bereits erwähnt.

Die Brille als Medium der Verwandlung: 4 x Peter Sellers

Natürlich sind das zugespitzte Typisierungen, die eigentlich keine Aussagen über einzelne Menschen erlauben. Im Alltag und in den Medien spielen sie allerdings durchaus eine Rolle. Zwischenformen sind erlaubt und beliebt. So schlagen Werbestrategen für Macher mit intellektuellem Touch, seien es nun Politiker oder Kirchenfürsten, nicht selten eine rechteckige Form mit leichtem Gestell vor. Auch Helmut Kohl mußte auf Rat seiner Promoter sein massives Gestell gegen eine zierlichere Fassung eintauschen.

Kreisrunde Gläser imitieren, sofern sie nicht zu klein sind, erstaunt hochgezogene Brauen und in naiver Überraschung weit aufgerissene Augen. Sie entsprechen dem »Kindchen-Schema«, das beim Gegenüber Bemutterungsreaktionen auslöst. Eine solche Brille war auch das Markenzeichen von Stummfilm-Star Harold Lloyd, der ja konsequent den naiven, schüchternen und strebsamen »nice boy« von nebenan verkörperte. Die Kombination des Kindcheneffekts mit den durch die Starrheit des Gestells und den Glanz hervorgerufene Wirkungen macht übrigens aus einem kindlichen Brillenträger optisch ein, wenn auch staunendes, so doch ernsthaftes und altkluges Kind.

Nach außen hin ansteigende Konturen suggerieren Energie, Tatkraft und offensive Entschlossenheit. Nicht ohne Grund haben Comic-Superhelden wie »Batman« oft eine derart geschnittene Maske. Gerade wenn die Fassung schmal und an den Seiten betont lang und spitzwinklig nach oben gezogen ist, kommt leicht etwas Diabolisches ins Spiel. Bei der Maske des Mephisto werden die Augen denn auch oft in diese Form geschminkt.

In den Fünfzigern lag diese Form auch den besonders bei der amerikanischen Damenwelt beliebten »Schmetterlingsbrillen« zugrunde. Man achtete dabei allerdings auf weich geschwungene, »weibliche« Linienführung. Oft waren diese heute von Sammlern begehrten Objekte auch so überladen mit ornamentalen Wucherungen, grellen Farben und bombastischen Glittereffekten, daß die Assoziation »Disneyland« eventuelle weitere Schlüsse gar nicht erst aufkommen ließ.

Immerhin hat sich damals die Brille als Schmuckstück durchgesetzt. Ein Aspekt, den die Hersteller heute gerade unter dem Eindruck der enormen Fortschritte in der Kontaktlinsenbranche mehr und mehr herausstreichen.

So wird die Fassung immer häufiger der Haar-, Haut- oder Augenfarbe angeglichen oder in schicken Kontrast dazu gesetzt. Ist sie dazu noch aus dem gleichen edlen Material wie Ohrringe, Halskette oder Armband gearbeitet, gehört sie vollends in die Klasse der Schmuckstücke.

Dennoch bleibt sie Brille: Ganz gleich, wie geschickt Fassung und Körperschmuck verbunden sein mögen, ganz gleich, ob die Gläser spiegelfrei sind oder raffiniert getönt, die Brille verändert das Gesicht. Und: Je dezenter, desto wirkungsvoller. Wenn zum Beispiel ein zierlicher, schüchterner Mensch eine riesige, massive Macherbrille auf der Nase balanciert, »sprengt« die Brille sozusagen die Gesichtszüge, und der Verschmelzungseffekt kippt um in einen Kontrasteffekt. Der arme Zierling wird noch hilfloser wirken, und der Schritt zum Lächerlichen ist nicht weit.

Ein Kapitel für sich ist die Sonnenbrille. Physiognomisch gesehen, ist sie meist alles andere als eine »schwache Gestalt«, so daß viele der für die gewöhnliche Brille unterstellten Ausdruckswirkungen abgeschwächt werden. Dominant ist die abschirmende Wirkung des Glases, das die Augen mehr oder weniger ganz verbirgt.

Die Sonnenbrille ist eine moderne Version der Maske bzw. des Schleiers. In Stammeskulturen steht die Maske oft für eine unberechenbare Macht und wird benutzt, um demonstrativ zu verbergen und zu erschrecken, ein Klischee, das auch in vielen Krimis Verwendung findet.

Wer eine Maske trägt, ist ein anderer, verbirgt ein wesentliches Stück seiner Identität, seiner Gefühle und Gedanken. Im Schutze ihrer Anonymität fühlt man sich weniger verantwortlich, für das, was man tut, agiert freier und ungehemmter als mit offenem Blick. Das Gleiche gilt mutatis mutandis für die Sonnenbrille. Jeder kennt den jugendlichen (Film)-Helden, der sich mit einer dunklen Brille nicht nur erwachsener, sondern auch mutiger macht. Und wir kennen auch die andere Seite: Wenn wir selbst unmaskiert sind, fühlen wir uns einer maskierten Person gegenüber im Nachteil. Richtung und Ausdruck des Blicks sind uns verborgen. Wir bleiben im Ungewissen über Gedanken und Absichten des Partners und bekommen zumindest über den Blickkontakt keine Rückmeldung auf unsere Äußerungen. Eine Situation, die besonders unangenehm ist, wenn wir auf eine »Spiegelbrille« einreden, die uns nichts zurückgibt als das eigene Gesicht.

Wie die Maske, der Schleier und ganz besonders der Fächer steht auch die Sonnenbrille in einer ganz intimen Beziehung zur Erotik. Daß man sich hinter einer Maske auch erotisch ungehemmter fühlt und aufführt, erfährt man alle Fastnacht wieder. Als Betrachter zieht uns die dunkle Brille wie die Maske dadurch an, daß sie zwar die Blicke auf sich lenkt, andererseits aber aus einem wesentlichen Teil des Gesichts ein Geheimnis macht, ein uraltes Mittel, die erotische Spannung zu schüren.

Die Brille sitzt keineswegs immer nur starr auf der Nase. Man kann sie auf derselben verschieben, oben drüber sehen, sie effektvoll ins Haar oder aussagekräftig auf- und absetzen. Schiebt eine Dame ihre dunklen Augengläser wie ein Visier ins Haar hinauf, signalisiert das entspannte Offenheit. Ein Blick über die heruntergeschobene Sonnenbrille dagegen bekundet interessierte Aufmerksamkeit.

Setzt man die Brille auf die Nasenspitze, so können die Augen wieder offen agieren, allerdings nur über die Brille hinweg. Ein neugieriger Blick wird so erst richtig zum Blick über den Zaun, ein strenger, prüfender dagegen kommt nun noch mehr von oben herab.

Sozusagen vier Augen bekommt man durch die immer beliebtere Halb- oder Lesebrille: Zwei bewaffnete für den Text und zwei offene für den Zuhörer. Das schafft doppeltes Vertrauen; einmal scheint sich der Vortragende gewissenhaft und intensiv mit dem Text zu beschäftigen, zugleich schenkt er aber auch dem geneigten Hörer und Seher die ungetrübte Aufmerksamkeit seiner offenen Augen. Kein Wunder, daß vorlesende Großmütter davon ebenso begeistert sind wie Politiker.

Diese, so kann man oft beobachten, nehmen gern die Gläser ab, wenn sie freundlich und leutselig werden. Kaum müssen sie aber wieder Position beziehen, sitzt die Brille wieder auf der Nase, dazwischen kann es lange Perioden unaufhörlichen Putzens geben, während derer man mit auf unendlich eingestelltem Blick die Tiraden des Kontrahenten über sich ergehen läßt.

Er, Sie, Es

Kinderkleidung: Kleine Erwachsene oder erwachsene Kinder?

»Sein Hütchen war zierlich, seine blaue
Tuchjacke neu und überfein, ebenso seine Hosen.
Zudem hatte er Schuhe an, und es war doch erst Freitag!
Sogar ein Halstuch von heller Farbe trug er.
Er hatte so etwas Großstädtisches an sich,
was Tom im Innersten aufwühlte.
Je länger er das prächtige Wunder anstarrte,
desto mehr rümpfte er die Nase über so viel Feinheit,
während ihm gleichzeitig insgeheim seine eigene Kleidung
und seine eigene Erscheinung immer fragwürdiger erschien.«

Mark Twain: Tom Sawyers Abenteuer

Kaum ist die Nabelschnur durchgetrennt, wird der neue Erdenbürger schon eingekleidet: Windeln, Jäckchen, Söckchen entweder im neutralen Krankenhaus-Weiß oder in den traditionellen Baby-Farben Rosa bzw. Hellblau. Auch in den darauffolgenden Kinderjahren wird die Kleidung fremdbestimmt sein. Es ist in der Regel die Mutter, die die Kinderkleidung nach ihrem Gusto auswählt und damit – oft unbewußt – die prägende Rolle im Geschmacksbildungsprozeß des Kindes spielt. Mit dem Übertritt ins Jugendlichen-Lager wird die Auflehnung gegen die elterliche Kleider-Bevormundung stärker und in einigen harten Stellungsgefechten ausgetragen. Typischer Ausruf der ob der dünnen Bluse und der dicken Schminke der Tochter entsetzten Mutter: »So gehst du mir nicht aus dem Haus.«[1]

Kinderkleidung ist von jeher von den Erwachsenen bestimmt und damit Ausdruck der jeweiligen Einstellung der Erwachsenen zum Kind. Jahrhunderte lang wurden Kinder nicht als heranwachsende Individuen gesehen, sondern in ihrer Funktion für die Familie. In armen Familien galten Kinder primär als Arbeitskräfte, die zum Einkommen beizutragen hatten, in den gehobenen Familien dagegen als Garanten für den Weiterbestand der Dynastie. Entsprechend der materiellen Lage und dem sozialen Stand der Familie, in die sie hineingeboren waren, wurden Kinder dann auch gekleidet.

Kinder aus den gehobenen Klassen wurden schon in zartem Alter in die familiären Repräsentationspflichten eingebunden und entsprechend prunkvoll ausstaffiert. Sie trugen dann die gleichen wertvollen schweren Stoffe wie die Erwachsenen, dazu miniaturisierte Accessoires wie Hüte, Degen oder Stulpenstiefel. Sie waren verkleinerte Abbilder der Eltern. So wurden Kinder auch in der Kunst bis ins 15. Jahrhundert hinein als Erwachsene in Kleinformat dargestellt. Für die Marienstatue mit Jesuskind aus romanischer Zeit gilt dasselbe wie für das spätgotische Tafelbild: Die Kinder erhielten Erwachsenen-Proportionen, denn das »Kindchen-Schema« war in der bildenden Kunst noch nicht entdeckt.

Wissenschaftler wie Philippe Ariès (»Geschichte der Kindheit«) oder Neil Postman (»Das Verschwinden der Kindheit«) gehen darin überein, daß Kindheit eigentlich keine biologische Notwendigkeit, sondern eine gesellschaftliche »Erfindung« ist.

Kindheit als soziale Idee bildete sich im Zuge des Humanismus in der Renaissance aus: das Kind, das unbekannte Wesen mit den besonderen Bedürfnissen.

Die Idee mündete allerdings zunächst nur in schulmeisterliche Überlegungen, wie Kinder umfassend zu disziplinieren seien. Und was die Kleidung betrifft, waren die Halbwüchsigen immer noch großen Zwängen ausgesetzt. Noch im 17. Jahrhundert werden Kinder nach dem Vorbild der Erwachsenen gekleidet: Die Knaben tragen seidene Kniehosen, enganliegende Jacken und bisweilen eine gepuderte Perücke. Vierjährigen Mädchen wurde bereits der Schnürleib, ein kleines Korsett aus Fischbein, angelegt, welches sie oft auch zum Schlafen tragen mußten. Es herrschte die Meinung vor, nur so könne man eine schmale Taille erzeugen. Und eine schlanke Gestalt galt als ein Mittel der Distinktion.[2]

Auch das große Dekolleté war zu jener Zeit ein Zeichen der Vornehmen. So trugen schon die kleinen Mädchen der führenden Familien dekolletierte Kleidchen und mußten auf hochhackigen Schuhen einherstöckeln.

Der englische Philosoph John Locke griff in seinen »Gedanken über Erziehung«, erschienen 1693, die humanistischen Ideen auf. Die von ihm entwickelte Auffassung, das Kind sei zunächst ein ungeformtes Geschöpf, das es durch Erziehung und Bildung zu zivilisieren gelte, wurde in der Folge durch Rousseaus der Romantik verpflichtete Betrachtungsweise relativiert. Erziehung ja, doch ohne die natürlichen Anlagen des Kindes – Rousseau sah das Kind als glücklichen Menschen im Naturzustand – zu zerstören.

Es dauerte jedoch noch einmal 80 Jahre bis sich diese Gedanken allgemeiner durchsetzen konnten. Erst dann wurden die Kleinen allmählich aus ihren Zwangskleidern befreit. Kinder-Korsett, Perücke, enge Kniehosen wanderten vorläufig auf den Müll der Kostümgeschichte. Diese kleidsamen Marterwerkzeuge wurden abgelöst von überwiegend lockerer Kleidung: lange weite Hosen und bequeme Jacken für die Jungen – in der Kinderkleidung setzten sich die langen Hosen bereits durch, bevor der erwachsene Bürgersmann sie gegen die feudalistische Kniehose eintauschte –, fließende Faltenröcke und flache Schuhe für die Mädchen.

Auch die Biedermeier-Kinder trugen kindgerechte Kleidung: pastellfarbene Kleider aus Musselin, unter denen blütenweiße Wäschehosen hervorblitzten, für die Mädchen, folkloristisch inspirierte Oberteile (zum Beispiel der türkische Spenzer) zu langen Leinenhosen für die Knaben. Die fülligen Spitzenhosen der Mädchen waren mehr als nur schlichte Unterwäsche. Sie wurden zu einem Teil der Oberbekleidung und dienten durch ihre blütenweiße reine »Ausstrahlung« der Demonstration bürgerlichen Selbstbewußtseins. In späteren Zeiten erfüllten die weißen Söckchen der höheren Töchter und Knaben eine ganz ähnliche Funktion.

Eher von einer warmen Mahlzeit als von weißer Wäsche träumten die Kinder der Unterschicht, die seit dem Aufkommen der Industrialisierung als billige Arbeitskräfte in den Fabriken und Bergwerken ausgebeutet wurden. Charles Dickens hat in seinen Romanen eindrucksvoll die körperliche und seelische Not dieser Ärmsten der Armen beschrieben. Die Erwachsenen und selbst die leiblichen Eltern können damals nicht allzu viel Zartgefühl für Kinder aufgebracht haben. Kinder wurden als wichtigstes Kapital betrachtet, durch dessen Einsatz das pure Überleben einer Familie zu sichern war. Im 18. Jahrhundert begann allmählich der Staat, durchaus beeinflußt vom humanistischen Ideal, für die Rechte der Kinder einzutreten. So wurde beispielsweise 1814 in England ein Gesetz erlassen, das erstmals Raub oder Veräußerung eines Kindes unter Strafe stellte.[3]

Proletarier-Kinder trugen einfachste Kleidung, oft von größeren Geschwistern ererbt, von Erwachsenen übernommen oder beim Trödler erstanden. Schuhe waren schier unerreichbare Luxusgegenstände. So gingen die meisten Kinder – auch im Winter – barfuß. Mehr noch als schäbige Kleidung war das Barfußgehen ein untrügliches Zeichen für Mangel und damit für die Zugehörigkeit zu den ärmsten gesellschaftlichen Schichten. Ein Paar Schuhe, die hauptsächlich sonntags zum Kirchgang getragen wurden, konnten sich nur die besser gestellten Proletarier-Familien leisten. Oft wurden diese für Kinder ein paar Nummern zu groß angeschafft, wie Kleidungsstücke überhaupt oft »auf Zuwachs« gefertigt wurden. Auch Mäntel waren für Arbeiter-Kinder fast unerreichbar. Die Mädchen schützten sich allenfalls mit einem Umschlagtuch gegen die schlimmste Kälte. Besonders kindlich kann diese Kleidung nicht ausgefallen sein, war sie doch zu sehr durch die materielle Not bestimmt: Man trug, was man ergattern konnte, egal, ob einige Nummern zu groß oder stark zerschlissen.

Die Altersgenossen in den gehobenen Schichten hatten zwar solchen Mangel nicht zu beklagen, doch auch ihre Kleidung war selten kindergerecht und bequem. Neue Kleiderzwänge hatten die »lockeren Zeiten« abgelöst. Die Kleinen wurden Mitte des 19. Jahrhunderts ähnlich wie ihre Mütter in die Rituale bürgerlicher Status-Demonstration einbezogen. Die Jungen trugen Männerkleidung en miniature. Steife Anzüge englischer Art, enge Knopfstiefel und – bei festlichen Anlässen – sogar Zylinder vervollständigten das Bild des kleinen Lords. Auch Uniformelemente erfreuten sich wieder großer Beliebtheit. Hatten die Aristokraten zu Beginn des 19. Jahrhunderts den hoffnungsvollen Sproß noch in die strenge Kadettenuniform gesteckt, auch als frühes Bekenntnis zum militärischen Kastensystem, umgab sich das Bürgertum gerne mit internationalem und leicht revolutionärem Flair. So waren Garibaldi-Blusen oder Russenkittel beliebte Kleidungsstücke für Knaben. Die Mädchen ertranken fast in einer Flut von Unterröcken – je mehr desto feiner – die sich unter ihren gestärkten Spitzenkleidern bauschten. Auf ihren dicken Locken saßen oft überdimensionale Hüte. Sogar das Korsett kam wieder in Mode, und die Wespentaille galt sogar für Zehnjährige als erstrebenswertes Ideal.

In jene Zeit fällt aber auch die Geburtsstunde eines Kleidungsstücks, das bis heute mit Kinderkleidung assoziiert wird: der Matrosenanzug. Sein Ursprung läßt sich auf die traditionelle Arbeitskluft der Hafenarbeiter von Marseilles zurückführen. Als früher »Trendsetter« gilt Edward VII., der auf einem 1846 gemalten Portrait als Prince of Wales in einer Matrosenuniform zu sehen ist. Vor dem ersten Weltkrieg war die marineblaue Matrosenbluse mit dem halsfernen ausladenden Kragen die Kinderkleidung par excellence, Jungen und Mädchen aller gesellschaftlichen Schichten trugen sie. Dennoch war eine soziale Zuordnung leicht möglich: Schnitt, Stoffqualität und Marke verrieten das exklusive Stück ebenso wie das Fließbandprodukt.

Seit den zwanziger Jahren wurde die Kinderkleidung immer kindgerechter. Reformbewegung und die Verbreitung des Sports hatten nach und nach ihren deutlichen Niederschlag gefunden. Kurze Hosen oder Knickerbocker für die Knaben, kurze Hängekleider für die Mädchen – verschafften mehr Bewegungsfreiheit. Und neue Kleidungsstücke wie der Pullover in all seinen Varianten wurden, weil praktisch und bequem, schnell in die Kinder-Mode aufgenommen.

Jeans kombiniert mit T-Shirt oder Sweat-Shirt haben für die Kinder-Mode der heutigen Zeit ähnliche Bedeutung erlangt wie der Matrosenanzug um die Jahrhundertwende. Das blaue Denim ist strapazierfähig und bequem, wird von Jungen und Mädchen gleichermaßen getragen und läßt trotz der »demokratischen Grundcharakteristik« etwa über die Marke soziale Abgrenzungsstrategien zu. So sind Cliquen oder ganze Schulklassen oft auf eine bestimmte Jeans-Marke eingeschworen, ohne daß die Mitglieder dafür rationale Gründe nennen könnten.[4]

Mit dem Aufkommen der Jeans war den kurzen Jungen-Hosen ein schnelles Ende beschieden. In den fünfziger und sechziger Jahren war die kurze »Seppl-Hose« aus Leder das Allround-Kleidungsstück für Jungen gewesen. Im Zuge der Amerikanisierung der Jugendkultur freundeten sich die größeren Jungen immer mehr mit den Blue Jeans, der Kluft der Cowboys, Goldgräber und anderer Abenteurer an und überließen die nunmehr als kindlich eingestuften alpenländischen Krachledernen den Knaben im Grundschulalter.

Mittlerweile hat die Jeans-Begeisterung alle Generationen erfaßt, wie überhaupt seit den siebziger Jahren die Grenzen zwischen den Kleidungsstilen von Kindern, Jugendlichen und Erwachsenen verschwimmen. Dies hat verschiedene, einander bedingende Ursachen: Die Kindheit endet früher, die Jugend-Zeit hat sich – etwa aufgrund der längeren Ausbildungszeiten – weiter ausgedehnt, und das Jugendlichkeits-Ideal hat auch die Erwachsenen erfaßt.

Auf die kürzer werdende Kindheit weisen selbst physiologische Daten hin: Der Beginn der Pubertät bei Mädchen soll sich nach einer amerikanischen Untersuchung während der letzten 130 Jahre pro Jahrzehnt um circa vier Monate nach vorne verschoben haben. Zahlen über Sexualverhalten, Drogengebrauch und kriminelle Aktivitäten bei »Kindern« lassen darüber hinaus erkennen, daß es auch auf der Handlungsebene zu quantitativen Verschiebungen hin zu immer jüngeren Jahrgängen gekommen ist.[5]

Die Mode-Industrie hat schnell auf diese Veränderungen reagiert. Aus einer Selbstdarstellung der Firma »Esprit«: »Esprit für Kinder – das kam fast wie von selbst. Wenn es überhaupt je eine logische Weiterentwicklung unserer Damen-Sportswear gegeben hat, so war dies die Reduzierung unserer Erwachsenen-Kollektion auf Kindergrößen ... Esprit Sport ist die Grundlage der Esprit Kids-Kollektion und läßt sich leicht den Kinder-Schnittlinien anpassen.«[6]

Wieder einmal in der Mode-Geschichte sind der Kinder neue Kleider maßstabgerechte Verkleinerungen der Modelle, welche die – heutzutage auf Jugendlichkeit abonnierten – Eltern tragen. Joggingschuhe gibt es schon für das Krabbelkind und Nietenhosen für den Windel-Träger.

Nur weiß man nicht mehr so genau, wer sich wessen Kleidung zum Vorbild genommen hat: die Kinder die Klamotten der Großen ... oder vielleicht auch umgekehrt?

Maskulin, feminin, androgyn?

»Feeling like a woman, looking like a man«

Grace Jones

Sollten die ersten Kleidungsstücke der Menschheit tatsächlich Adams und Evas Feigenblätter gewesen sein, so begann die Geschichte der Moden mit dem Partner-Look.

Uni-Sex – um diesen neuzeitlichen Terminus zu gebrauchen – bestimmte aber auch die weniger mythischen Anfänge unserer Kleidergeschichte.

Ob römische Tunika, mittelalterliche Cotte oder die prachtvolle Auftakelung der Damen und Herren des 16. und 17. Jahrhunderts, die verwendeten Kleidungsstücke und Accessoires waren insofern geschlechtsindifferent, als sie von Mann und Frau getragen wurden.

Vom heutigen Standpunkt aus muten diese Stile allerdings recht weiblich an: die Tunika ein drapiertes, kurzes Kleid, die Cotte ein knielanges Hemd, ganz zu schweigen von den Perücken, Seidenstrümpfen, Stöckelschuhen und Schönheitspflästerchen, mit denen sich im 16. Jahrhundert beide Geschlechter schmückten. Eine Illustration des – wie man heute sagen würde – effeminierten Mannes jener Zeit ist Albrecht Dürers bekanntes Selbstbildnis, das den Meister mit langen Korkenzieherlocken und imponierendem »Männer-Dekolleté« zeigt. Noch Anfang des 19. Jahrhunderts hatte die Männermode auffallend weibliche Konturen: Der Herr von Welt trug die Hüften ausgepolstert, die Taille geschnürt und die Schultern optisch geschmälert.

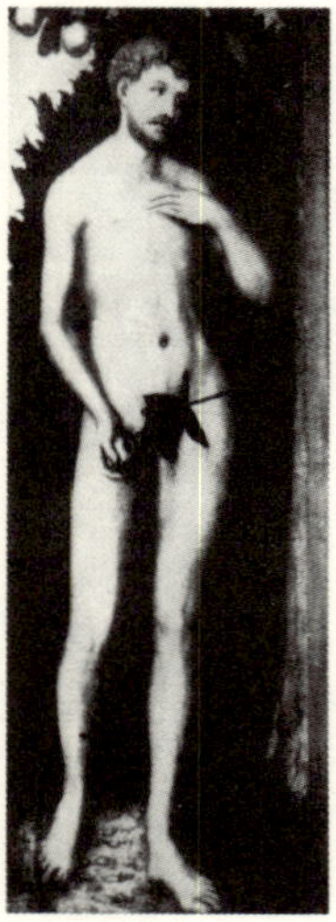

Dann aber gingen die Kleidungsstile der Geschlechter deutlich getrennte Wege – die schlichte, schmale, dunkle Silhoutte des bürgerlichen Mannes, und die ornamentalen, ausladenden Formen seiner Frau markieren die beiden Pole im 19. Jahrhundert –, um sich bis heute allmählich wieder einander zu nähern.

Nun ist das, was in einer Epoche oder einer Kultur als männlich oder weiblich bezeichnet wird, stets eine Mischung aus rein kulturellen und aus biologisch begründeten Merkmalen für Geschlechtszugehörigkeit. So gelten Ohrschmuck und Make-up in unserer heutigen Gesellschaft eher als weiblich, während sie in anderen Kulturen oder Zeiten als typisch männlich oder als geschlechtsneutral angesehen werden. Weniger variabel sind die biologischen Unterschiede, welche sich – von den primären Geschlechtsmerkmalen einmal abgesehen – in typischen Silhouetten manifestieren.

So sind Frauen in der Regel kleiner als Männer, haben schmalere Schultern und kürzere Arme, weniger Muskulatur und mehr Unterhautfettgewebe, vor allem an Brust, Hüften und Oberschenkeln. Sie haben ein breiteres und mehr nach hinten gedrehtes Becken, was zu einer Betonung der Po-Backen führt.

Aus diesen anatomischen Unterschieden, die die Ethologen auf eine in der frühen Menschheitsgeschichte erfolgte Arbeitsteilung – häufig gebärende Frauen, jagende Männer – zurückführen, ergeben sich auch Unterschiede in Gangart, Armbewegungen und einigen anderen einfachen Verhaltensweisen.

Einige solcher Geschlechtsmerkmale gehören zum männlichen bzw. weiblichen »Partnerschema« (siehe auch »Silhouette«, Seite 79ff.). Diese Reizkonfiguration stimuliert den Ethologen zufolge den Partner des jeweils anderen Geschlechts zu sexuellem Verhalten und dient somit der Erhaltung der Art.

Adam und Eva
von
Lucas Cranach

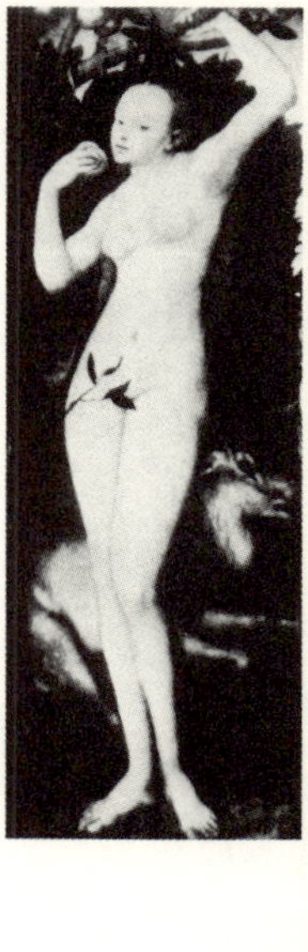

Kleidung kann nun dazu benutzt werden, die entsprechenden Merkmale des Partnerschemas hervorzuheben. Beispiele hierfür wären wattierte Schultern beim Mann oder eine schmal geschnürte Taille bei der Frau.

Kleidung kann aber auch – wie bei der »Unisex-Mode« – dazu verwendet werden, die Merkmale des Partnerschemas abzuschwächen. Diesen Fall, der ja, wie eingangs gezeigt, nicht gerade selten ist, kann die Ethologie nicht so recht erklären.

Der Mensch gehorcht nicht dumpf seinen biologischen Mechanismen, sondern diese werden im Laufe seiner Geschichte ständig neu kulturell überformt und damit relativiert. In einer Epoche lieben die Männer die weiblichen Idealformen aus dem Lehrbuch der Verhaltensforscher, in einer anderen die schlanken, eher athletischen Frauen; ebenso bevorzugen die

Frauen einmal den breitschultrigen Muskelmann, dann wieder dessen zierlichen Antitypen. So erscheinen auch das »männliche« und »weibliche« Äußere als kulturelle Kategorien, die zwar auf das Partnerschema Bezug nehmen, aber letztlich gesellschaftlich bedingt sind.

Und der Einfluß der Gesellschaft beginnt schon im Kinderwagen: Bei uns trägt das Bübchen traditionellerweise Hellblau, das Mädchen Rosa. Wenn die Kinder laufen können, fängt die Einübung in die geschlechtstypische Kleiderordnung erst richtig an: Jungs in Kleidern und mit langen Locken sieht man heute selten.[7] So tragen denn die »Stammhalter« Hosen, sobald die Windelpakete hineinpassen, dazu Sweat-Shirts mit allerlei Emblemen aus Sport und Technik.

Auch kleine Mädchen können heutzutage die Hosen anhaben. Aber wenn sie »so richtig schön gemacht« werden, besteht ihr Sonntagsstaat nach wie vor aus Rüschenkleidchen in Pastelltönen. Und wenn Symbolik, dann Blumen und Schmusetiere.[8]

Die geschlechtsspezifische Differenzierung setzt sich dann fort bis ins Erwachsenenalter. In den fünfziger Jahren dieses Jahrhunderts etwa zeichneten die Kleidungsstile recht exakt die Partnerschemata nach: der traditionelle männliche Anzug mit seinen breiten Schultern und der schmalen Hüfte auf der einen, die Busen und Hüften betonenden Kleider und Kostüme (etwa des »New Look«) auf der anderen, weiblichen Seite.

Die Differenzierung der Kleiderstile entsprach der damals geltenden traditionellen Rollenverteilung zwischen Mann und Frau: Die Frau als Hausfrau und Mutter im sicheren Heim, der Mann draußen in der feindlichen Berufswelt.

Diese Rollenverteilung hat sich heute überlebt. Doch gelten in einigen sozialen Milieus noch die tradierten Vorstellungen. So ist man in den konservativ orientierten Milieus (dem »kleinbürgerlichen«, dem »traditionellen Arbeitermilieu« und dem »konservativen gehobenen Milieu«, siehe auch Seite 42f.) weiterhin der Meinung, Mann und Frau sollten sich von der Kleidung her unterscheiden: Frauen eher »feminin« (Röcke und Kleider), Männer dagegen eher nüchtern und nicht zu modisch.

Bemerkenswert dabei ist, daß es gerade auch die Männer sind, die ihre Partnerin »gepflegt fraulich« sehen wollen. Auf die Frage, wie man sich denn eine emanzipierte Frau vorstelle, zeichnen sie das Bild von der »herbmaskulinen«, teils gar »schlampigen Emanze«.

Demgegenüber gilt in den Milieus, in denen das alte Rollenverständnis aufgeweicht ist, und die Emanzipation der Frau positiv bewertet wird (insbesondere im »hedonistischen« und im »technokratisch-liberalen« Milieu), auch das Festhalten an eindeutig getrennten Kleidungsstilen als überholt. Statt dessen wird für eine spielerische und innovative Annäherung plädiert. Warum sollen Männer keine Röcke tragen, wird tolerant gefragt. Auch wenn die meisten der aufgeschlossenen Männer selbst keinen Rock anziehen würden.

Eindeutig geschlechtsspezifische Ausprägungen der äußeren Aufmachung, so scheint es, sind in den Kulturen und Epochen zu beobachten, in denen auch die Rollentrennung zwischen Mann und Frau besonders strikt ausfällt.

Ein sinnfälliges Beispiel hierfür gibt der bürgerliche Kleidungsstil des 19. Jahrhunderts. Hier hatte die strenge Rollendifferenzierung für Männer und Frauen so unterschiedliche Kleidungsstile hervorgebracht, daß, wie ein scharfsinniger Beobachter einmal bemerkt hat, ein Besucher von einem anderen Stern an zwei verschiedene Gattungen glauben mußte.

Die Herren trugen schlichte, dunkle Stoffe. Wenn diese überhaupt gemustert waren, dann sehr dezent: Unauffällige Streifen oder Karos demonstrierten Geradlinigkeit und Ordnungsstreben. Geradlinig war auch der Schnitt von Jacke und Hose, zudem körpernah und maskulin: Die zeitgenössischen Modetableaus zeigen breite Schultern und schmale Hüften.

Die Ursprünge dieses nüchternen Stils lassen sich zurück bis zum spanischen Absolutismus des 16. Jahrhunderts verfolgen. Strenger Schnitt und dunkle Farben paßten aber auch zum moralischen Rigorismus der calvinistischen und puritanischen Protestanten, die diesen Stil zur Uniform der Kaufleute vor allem in Holland und England machten.

Die Mehrzahl der Mode-Chronisten spricht in diesem Zusammenhang vom »großen männlichen Verzicht« auf die Mode. Dies ist sicherlich eine voreilige Interpretation der neuen Schlichtheit des großstädtischen Bürgers. Die Männer kleideten sich zwar nicht mehr in Samt und Seide, haben Perücke, Schminke und Schmuck abgelegt, doch machte die Männermode im 19. Jahrhundert etliche, wenn auch subtile Wandlungen durch, so etwa in der Barttracht, im Schnitt des Anzugs oder in der Weite der Hosenbeine.

In Wahrheit waren die Männer mit ihrer schlichten Kleidung modisch fortgeschrittener als ihre Frauen, die sozusagen noch auf einer früheren Stufe der Kleidungsgeschichte verharrten. Denn die männlichen Adaptationen praktischer Sportkleidung, wie etwa das kurze Sakko, entsprachen schon den Anforderungen des städtischen Lebens und der Berufsausübung, während die Frauen sich noch mit ihren unpraktischen Krinolinen in die Kutschen oder die aufkommenden (Pferde-)»Omnibusse« quetschen mußten.

Männliche und weibliche „Kleiderwelten“ um 1860

Den Ehefrauen der dem Arbeitsethos huldigenden Bürgermänner war die eher passive Rolle des »demonstrativen Müßiggangs« (Thorstein Veblen) zugedacht. Auch wenn sie dem Haushalt vorstanden, was angesichts der vielen Dienstboten keine größeren Probleme aufwarf, galt ihre Hauptbeschäftigung doch der äußeren Repräsentation. Folgt man Veblens Analyse, so bestand die Existenz dieser »Luxusgeschöpfe« darin, als beredte »Zeugen finanzieller Macht« aufzutreten. Um diese Aufgabe voll und überzeugend erfüllen zu können, durfte die Frau des Bourgeois nicht arbeiten, kochen, putzen oder Kinder aufziehen. Dies alles drückte sich im Schönheitsideal und im besonderen Kleidungsstil dieser Zeit auch aus. Schmale Hände und kleine Füße, eine schlanke Taille, verweisen auf einen eher schwachen Körperbau, der schwere Arbeit gar nicht zuläßt. Auch wären die favorisierten Kleidungsstücke bei körperlicher Tätigkeit eher hinderlich: Ellenbogenlange Handschuhe, enge Oberteile, mehrere Lagen gebauschter Röcke, dazu schmales Schuhwerk mit hohen Absätzen machten die Frau recht bewegungs- und auch atemlos.

Korsett, Krinoline oder »Cul de Paris« waren allerdings nicht nur hinderliche Einengungen, sondern dienten auch zur »überoptimalen« Realisierung des Partnerschemas: Die enggepreßte Taille ließ die Hüften ausladend hervortreten. Durch das Korsett wurden die Brüste angehoben. Die Polster und Kissen der Tournure betonten das weibliche Hinterteil.

Doch die Objekte des Luxus und der Begierden waren nicht ganz so passiv wie behauptet, sondern sich ihrer Wirkung durchaus bewußt. Die heiratsfähigen Bürgertöchter etwa mußten, begaben sie sich auf den Heiratsmarkt, ihre persönlichen Eigenschaften ebenso präsentieren wie das gute Elternhaus. Es galt, Individualität darzustellen und zugleich den gängigen, jedoch widersprüchlichen Rollenerwartungen (gute Hausfrau und Mutter, verführerische Geliebte und züchtige Ehefrau, repräsentable Gattin) zu genügen. So wurde Kleidung – gerade für Frauen, die fast ausschließlich über Heirat den gesellschaftlichen Aufstieg schaffen konnten – ein wichtiges Mittel sozialer Mobilität.[9]

Korsett, enger Rock oder Stöckelschuhe wurden immer wieder – gerade auch von feministischer Seite – als strategisches Mittel gesehen, das die Männer-Welt einsetzt, um die Frau zum Lustobjekt zu formen und ihr zugleich Fesseln anzulegen. Die Trivialsicht: Mit hohen Hacken und engem Rock kann frau keine so großen Sprünge machen und dem Besitzer nicht so schnell weglaufen.

Die »Eigentumsfrage« wäre auch auf andere Weise zu lösen. Die Moslems etwa tun das besonders radikal durch Geschlechter-Apartheid. In

Saudi-Arabien beispielsweise gibt es nach Geschlechtern getrennte Universitäten oder Schwimmbäder. Und der Tschador, den der islamische Fundamentalismus allen Frauen vorschreibt, bedeckt von Kopf bis Zeh alles, was nur annähernd stimulierend wirken könnte. Durch diese vollständige Verhüllung soll der Mann, das »triebhafte« Wesen, davor geschützt werden, seines Nächsten Weib zu begehren.

Daß ein Korsett einengt, ist klar, daß es aber auch lustvoll zu tragen sein kann, haben die Frauen der Neuzeit in all ihrer »Dessou(s)veränität«[10] wiederentdeckt. Die Kritik an den behindernden und einengenden Kleidungsstücken geht immer vom Primat der Bequemlichkeit aus. Doch diese hat bei Kleidung immer nur eine nebengeordnete Rolle gespielt.

Der spitze Stöckelschuh ist sicherlich nicht besonders bequem bei längerem Stehen und Gehen, und Kopfsteinpflaster oder Entlüftungsgitter sind seine größten Feinde. Doch, und dessen sind sich auch Frauen bewußt, die lieber flache Ballerinas oder Tennisschuhe tragen: Er macht lange Beine und schöne Fesseln. Und der lässigste Gang wird durch Pumps zum anmutigen Schreiten.

Heute sind es gerade auch die selbstbewußten, ganz und gar nicht mehr der überkommenen Weibchen-Rolle verhafteten Frauen, die hohe Hacken und enge Röcke tragen. Den Anfang machten die Anhängerinnen der kurzlebigen New Wave, jene jungen Hedonistinnen, die sich mit einem ironischen Augenzwinkern in die sehr femininen Fifties-Kostümchen zwängten und dazu stilvollendet pfeilspitze Pumps trugen. Diese Damen waren selten nur nostalgisch gesonnen, sondern simulierten nach bester New-Wave-Manier das konformistische Frauen- Stereotyp der Fünfziger. Manche sahen aus wie die kleine Schwester von Doris Day, doch dahinter steckte eine emanzipierte, mit beiden Nylonbeinen im Leben stehende Frau der Achtziger.

Heutzutage kleiden sich gerade jene Frauen gezielt damenhaft, die beruflich einen hohen Grad an Gleichberechtigung erreicht haben. Die sogenannte Karrierefrau pflegt einen Stil, der zwar zurückhaltend oder sogar streng ausfällt (gerade unter Einbeziehung männlicher Elemente wie Schneider-Sakko oder Hemd-Bluse), das Weibliche aber keineswegs verbirgt. Kleidungsstücke, die etwa Jil Sander für diesen Frauen-Typ anbietet, sind bei aller Dezenz figurbetont und weiblich. Kleidung, Mode, Schönheit werden eingesetzt, nicht nur um sich gegen die männliche, sondern auch die Konkurrenz der Geschlechtsgenossinnen durchzusetzen.

Gegen Ende des letzten Jahrhunderts begannen die Frauenrechtlerinnen diesseits und jenseits des Atlantik, massiv gegen die männliche Vorherrschaft zu opponieren. Und – wie bei ihren Geschlechts- und Leidensgenossinnen siebzig Jahre später – bestand ein Teil der Loslösung darin, die eigene Kleidung von der sexuellen Konnotation zu lösen. Korsett und langer Rock galten nun als Zeichen patriarchalischer Oppression. Die Befreiung vom Zwang zum angepaßt weiblichen Aussehen, führte aber geradewegs zu einem recht männlichen Stil. Die Hose wurde so etwas wie ein Symbol der »befreiten Frau«.

Frauen wie die Lyrikerin George Sand (die einen männlichen Vornamen angenommen hatte) oder die Schauspielerin Sarah Bernhardt zeigten sich im Herrenanzug, Zigarillo schmauchend der staunenden Öffentlichkeit. Die Hose war bereits während der Französischen Revolution zum revolutionären Signal geworden, als die »Sans-Culottes« lange Hosen, statt der traditionellen Kniehosen trugen.

Bleibt anzumerken, daß die Hose lediglich in unserem Kulturkreis typisch männlich ist. In großen Teilen Asiens sind Hosen geschlechtsindifferente Kleidungsstücke, in einigen islamischen Ländern tragen Frauen enge Beinkleider, die Männer dagegen lange Roben oder »Wickelröcke«.

In die offizielle Damen-Mode konnte die Hose erst allmählich und auf seltsamen Schleichwegen eindringen. Im Zusammenhang mit Sportarten wie Radfahren oder Reiten, die Anfang dieses Jahrhunderts zunehmend auch von Frauen ausgeübt wurden, entwickelten sich merkwürdig kompromißlerische Hybrid-Formen, etwa der Hosen-Rock oder enge lange Hosen, die – beim Reiten im Damensattel – unter Röcken getragen wurden.

Die Hose war, trotz aller Anstrengungen auch der Haute Couture – Paul Poiret stellte um 1920 umstrittene Hosen-Anzüge im Pyjama-Look vor –, zunächst als unattraktiv, ja dem Naturell der Frau nicht entsprechend verschrieen und höchstens aus praktischen Gründen im privaten und Freizeit-Bereich akzeptiert. Die Dame, die sich in den zwanziger Jahren im

Hosen-Anzug öffentlich zeigte, war schnell als Lesbe oder zumindest exzentrische Künstlertype abgestempelt.

Erst nach dem Zweiten Weltkrieg wurden Hosen für Frauen allmählich gesellschaftsfähig. Nicht zu unterschätzen ist der Einfluß der Jugend- und der Popkultur. Blue Jeans wurden zum Symbol für Jugend und Freizeit. Und die Idole der Leinwand und der Schallplatte trugen sie: James Dean ebenso wie Marilyn Monroe. Da schlüpfte manches junge Mädchen aus den Petticoats und streifte sich die engen Röhrenhosen über.

Die Mütter waren zunächst entsetzt, hatten sie doch gerade den Not-Look der zwangsweise behosten Trümmerfrau gegen den damenhaften New-Look eingetauscht. Zudem galten die körperbetonenden Röhren schlicht als unmoralisch, weil zu aufreizend in der Wirkung. In manchen feinen Mädchen-Internaten waren Blue Jeans noch bis in die siebziger Jahre hinein untersagt.

Der Siegeszug der Hose für Frauen war aber nicht mehr aufzuhalten: In ihren diversen Abarten – als 3/4-lange Capri-Hose oder als sportliche Steg-Hose aus Lastex (die Glanz-Zeit der Kunstfaser war angebrochen) – hielt sie endgültig Einzug in die Damenmode.

Zwar hatten die Frauen nun die Hosen an, aber die Gleichberechtigung beileibe noch nicht erreicht. Im Gefolge der Studentenrevolte blühte die Frauenbewegung aufs neue auf. Emanzipation sollte einerseits die »befreite Frau« hervorbringen, die Frau, die dem Manne gleichgestellt ist, andererseits aber auch zur Entwicklung und Betonung typisch weiblicher Qualitäten führen.

Im Zusammenhang mit der Gleichheitsforderung bildete sich eine feministische Ästhetik aus, die Ausdruck davon war, daß frau nicht mehr Sexualobjekt des Mannes sein wollte und sich zugleich dem Mode-Diktat vehement widersetzte. Jede Art von Fremdbestimmung und Bevormundung sollte ein für allemal ein Ende haben.

Kostümierungen, die zur Weibchen-Rolle gehörten, wurden aus dem Kleiderfundus verbannt und durch eine Kleidung ersetzt, die geräumig, bequem ist und eher maskulin wirkt (Latzhosen, Herren-Sakko). Weibliche Reize wurden mithilfe des »Zwiebel-Looks« – mehrere Kleider-Schichten übereinander – systematisch verborgen. Alles dem Anschein nach Modische war verpönt. »Natürlichkeit« war Trumpf. Statt maschinell hergestellter Klamotten der selbstgestrickte Schafwollpulli, statt der Kosmetikprodukte der Chemie-Giganten Henna und Kajal-Stift.

Nicht nur der Kampf um Gleichheit, auch die Suche nach der neuen Weiblichkeit hat innerhalb der Frauenbewegung ästhetische Spuren hinterlassen. Lange wallende Folklore-Gewänder, weite Röcke mit Blumenmuster, der Oma-Look vom Flohmarkt oder alte Pelze aus dem Second Hand-Laden repräsentieren sehr weibliche Stile und hatten – zumindest, als die Frauenbewegten sie aufgriffen –, den Vorteil, un-modisch zu sein und das Gefühl zu vermitteln, ein individuelles, einstmals handgefertigtes Stück zu tragen.

Doch wieder einmal zeigte die Mode ihr hinterhältiges Wesen. Was als Anti-Mode gedacht war, wurde zumindest teilweise bald modisch: der schwingende Blumenrock kombiniert mit zwei Nummern zu großem Herrenjackett oder Omas kleines Schwarzes aus Brüsseler Spitzen.

Hatten die Frauen im Verlauf der jüngeren Modegeschichte so gut wie alle Teile männlicher Oberbekleidung nach und nach vereinnahmt, gingen sie zu guter Letzt den Herren auch noch an die Wäsche. Calvin Klein, der US-Mode-Zar, offerierte mit großem Erfolg Boxershorts und Doppelripp-Unterhemden für Damen.

Der Mann konnte, so scheint es, seine letzte Bastion nicht verteidigen. Auch eine Revanche wollte nicht so recht gelingen. Röcke für den Mann, Jean-Paul Gaultiers Design-Idee für den »homme fatal«, waren nur der Gag einer Saison. Und Boy George in seinem bunten Fummel reichte nur als Vorbild für pubertierende Teenager weiblichen Geschlechts.

Dennoch hat der Mann nach Jahrzehnten im schlichten Tuch bzw. der Jeans-T-Shirt-Uniform jüngst den Spaß an der äußeren Erscheinung wiederentdeckt. Eine Renaissance der männlichen Putzsucht ist angebrochen. Nicht nur die Frau ist Blickfang männlicher Begierde, sie darf sich nun auch ihrerseits an properen Mannsbildern erfreuen. Sei es der »Mann für gewisse Stunden« oder der knackige Boy aus dem »Levi's«-Werbespot, das smarte schwarz-weiße Detektiv-Duo aus »Miami Vice« oder der Nackte aus der Herrenkosmetik-Reklame – der Mann wird, getrimmt und durchgestylt, als Lustobjekt serviert.

Der vielproklamierte »neue Mann« ist anfällig für Mode, und er ist modemutig. Er stellt seinen Körper gerne zur Schau und tut etwas dafür, daß dieser auch sehenswert ist. Machte nach herkömmlicher Meinung, auch der Frauen, einen Mann ausschließlich sein scharfer Intellekt, sein sozialer Status oder sein Bankkonto attraktiv – »ein Mann muß ja nicht schön sein« –, werden da plötzlich neue Anforderungen gestellt. Seit es auch erfolgreiche und »starke« Frauen gibt, haben sich die sozialen Rollen gewandelt. Es ist ein Zwang für Männer entstanden, sich an Körper und Kleidung attraktiv zu machen. Waren sie es gewohnt, die Frauen nach ihren weiblichen Reizen zu taxieren, müssen sie sich nun das Gleiche gefallen lassen.

Zugleich ist aber auch im Mann der Narziß wiedererwacht. Die Lust, sich zu zeigen und bewundert zu werden, dieser neue Hedonismus, der vor den Spiegeln der Fitness-Studios und der Cocktail-Bars sein Wesen treibt, geht mit einer guten Portion Selbstverliebtheit einher. Und es wurde mit alten Tabus gebrochen, denn das neue Körperbewußtsein des Mannes, seine Besuche bei der Kosmetikerin oder im Sonnenstudio gelten nicht mehr als »unmännlich«.

Doch was heißt schon männlich? Das alte Männer-Bild verschwimmt – ebenso wie das überkommene weibliche. Trotz athletischer Körper und kantiger Gesichtszüge, der Macho hat längst ausgespielt. Der neue Held darf ruhig feminine Züge tragen. Er darf mit der »Zwei-Eindeutigkeit« spielen, die entsteht, wenn weibliche Elemente – lange Mähne, geschmeidiger Hüftschwung – mit männlichen Konturen zusammentreffen. Anleihen beim anderen Geschlecht sind erlaubt. Mehr noch: Der erotische Grenzgang wurde gar zur Mode für Mann *und* Frau.

Der knabenhafte Körper einer Stephanie von Monaco oder der muskulöse einer Grace Jones dienen als modisches Modell. Und beim Sport und in den Bodybuilding-Studios modellieren und kultivieren die Frauen ihre Körper auf eine Weise, die zuvor nur dem Mann zugestanden wurde.

War ein Mann in Frauenkleidern bislang Objekt allgemeiner Belustigung – man denke nur an »Charly's Tante« – oder aber Opfer sozialer Stigmatisierung – wie die Transvestiten –, feiern heute auf der Bühne und in der Öffentlichkeit echte Transis und modische Androgyne ihr großes Coming-out.

Der/die Androgyne ist in seiner/ihrer Vorstellung bi-sexuell. Ausgelebt wird diese doppelte Neigung wohl nur selten. Man tut nur so als ob. Der andersgeschlechtliche Touch als schickes, unverbindliches Zitat. Solange diese Offenheit nur gespielt ist, ist auch kein Wesen in Sicht, in dem die Geschlechter-Gegensätze aufgehoben sind. Androgynität als Mode-Phänomen hat dann lediglich ein neues Schönheitsideal hervorgebracht.

Die Mode ist tot, es lebe die Mode?

Die Mode in der Postmoderne

Weißt du an wen
ich glaube?
Nur an mich.
Und weißt du warum?
Weil ich der einzige bin,
dem ich trauen kann.

Al Capone

Bisher haben wir die Rolle der Mode in der Moderne skizziert, ihre Bedeutung in einer sich immer schneller wandelnden und immer weniger überschaubaren Welt. Unsere Gesellschaft ist mittlerweile in das Stadium der Postmoderne eingetreten, in welchem sich das Orientierungsproblem auf gänzlich neue Weise stellt.

Die Wachstums- und Fortschrittsideologie der Industriegesellschaft ist durch ihre eigenen Konsequenzen ad absurdum geführt worden. Die rücksichtslose Ausbeutung und Zerstörung der natürlichen Ressourcen, das drohende Damoklesschwert atomarer Katastrophen, der schier unaufhaltsame Rüstungswettlauf, aber auch das Scheitern der großen Gegenutopie des Marxismus haben seit den siebziger Jahren den Rückgriff auf bislang verläßliche Orientierungsmuster ebenso unmöglich gemacht wie einen optimistischen Blick in die Zukunft.

Kurz, die alten Wertvorstellungen und Orientierungsmuster haben ausgedient, und neue sind nicht in Sicht.

Augenfällige und oft beklagte Folgen dieser »Sinnkrise« sind Stil-Eklektizismus, Ästhetizismus und Individualismus, welche sich als Wesensmerkmale des Postmodernen heute durch nahezu alle gesellschaftlichen Bereiche ziehen. »Anything goes« heißt das Gebot der Stunde, wenn es nur »schön« und »originell« ist. Doch wo alles möglich ist, auch das Widersprüchlichste, verliert alles seine ursprüngliche Bedeutung, seinen Inhalt, seine Funktion:

In der Architektur, wo der Begriff des Postmodernen zuerst auftauchte, dominiert die Form über die Funktion. Das Prinzip der optimalen Raumnutzung scheint ausgedient zu haben. Gefragt sind opulente Monumentalskulpturen, in denen man auch wohnen kann. Und die Form besteht aus einem Stilpuzzle aus allen möglichen Epochen und Kulturen:

historisierende Säulen, moderne Glas- und Stahlkonstruktionen, nostalgische Giebelzitate . . ., alles an ein und demselben Gebäude.

Im Design ist es nicht anders: Ein postmoderner Stuhl ist zuallerletzt zum Sitzen da. Zuerst ist er eine Skulptur, ein Puzzle, das afrikanische Stilelemente ebenso zitiert wie die fünfziger Jahre oder das Rokoko.

Doch nicht nur Zeiten und Stile sind durcheinandergeraten, haben ihre ursprüngliche Bedeutung verloren, auch die traditionellen Grenzen zwischen den einzelnen Gestaltungsbereichen, ja Lebensbereichen haben keine Geltung mehr. Möbelstoffe oder Haushaltsgegenstände werden in die Kleidung integriert, Werbung wird primär als Kunst angesehen, Kunst als Werbemöglichkeit, Politik als bloße Angestelltenkarriere, Fernsehen als bloße Politik, geschwitzt wird in der Freizeit, gearbeitet wird im Freizeitdress usw. »Anything goes«.

Diese Entwicklung verspürt und verkörpert vor allem eine neue, rasch wachsende Klasse von Angestellten: die »proteischen Arbeiter«.[1] Das sind vor allem Programmierer, Verwaltungsfachleute, mittlere Angestellte, die eine gewisse Qualifikation, aber keine Entscheidungsbefugnisse haben. Die Eigenart ihrer Qualifikation besteht nur darin, daß diese grundsätzlich nicht an einen bestimmten Arbeitsbereich gebunden ist, sondern, im Gegenteil, in beliebigen Bereichen einsetzbar ist. So kann sich ihre professionelle Identität nicht auf die tatsächliche Leistung innerhalb eines bestimmten Gebietes stützen, sondern letztlich nur auf ihre »Flexibilität«, ihre potentielle Verwendbarkeit für alle möglichen Aufgaben.

Richard Sennett hat herausgearbeitet, wie diese Bewertung dazu führt, daß auch »die berufliche Position als Spiegel persönlicher Stärke erscheint«,[2] und wie das »Selbst« zum zentralen Wert auch der öffentlichen Sphäre wird.

Die Situation dieser »proteischen Arbeiter« ist längst auch die einer großen Mehrheit, ist längst symptomatisch für die ganze Gesellschaft geworden:

Angesichts der fehlenden Orientierungsmuster und der andauernden Forderung nach Flexibilität bleibt dem einzelnen nur noch der Bezug auf sich selbst und die mögliche effektvolle Inszenierung dieses Selbst. Der Flexibilitätsanspruch impliziert darüberhinaus, daß dieses Selbst gar keinen konkreten, sondern lediglich einen potentiellen Inhalt haben kann. Die Darstellung des Selbst nach außen bedeutet nicht mehr »Ich bin der und der« sondern »Ich könnte der und der sein«. Der Ausdruck wird zum bloßen Eindruck. Entsprechend herrscht die Rhetorik der referenzlosen Bilder, der bloßen Erscheinung, die Simulation von Bedeutung. Der Politiker simuliert einen für inhaltliche Ziele kämpfenden Menschen, der »Profi« simuliert den Beruf, den er gerade ausübt. Was zählt, ist die professionelle Ausführung, die effektvolle Darstellung. So verliert selbst das Individuum, das doch angeblich im Mittelpunkt steht, seine Bedeutung, wird zur abstrakten Potentialität.

Wenn ich nicht mehr weiß, wo ich stehe, und weshalb, muß ich wenigstens gut dastehen. So wird jeder notgedrungen zum permanent agierenden Performance-Künstler. Der Alltagsmensch simuliert den Künstler, so wie zuvor die Kunst den Alltag simuliert hat. »Es kommt die Zeit, da jeder in seinem Leben für 15 Minuten berühmt sein wird«, hat Andy Warhol schon in den Sechzigern prophezeit.

Warhol ist tot, seine Prophezeiung längst wahr geworden.

Jeder möchte ein Star sein, die Jugendlichen, die sich in »Klons«, in Abziehbilder der Pop-Stars verwandeln, ebenso wie all die Menschen, die in das »Guinness Buch der Rekorde« kommen möchten. Eine Fernsehsendung wie beispielsweise »Wetten daß« gibt diesen Menschen heute die von Warhol versprochenen Minuten.

Sie alle sind dabei weniger an der Verwirklichung einer bestimmten

Bernd Pohlenz

„DU BIST DER EINZIGE, DER NICHT INDIVIDUALIST IST!"

Idee interessiert als an der öffentlichen Demonstration ihrer Einzigartigkeit. So besteht denn diese Einzigartigkeit häufig schlicht darin, etwas zu tun, was eigentlich jeder könnte, aber wegen der offensichtlichen Abstrusität dieses Vorhabens niemals tun würde.

Doch auch im Alltag, in unserer Kleidung, sind wir mehr denn je von dem Wunsch nach Einzigartigkeit beseelt. Der Drang zur Selbstinszenierung führt nicht nur zur verstärkten Beachtung der äußeren Erscheinung, sondern auch zu deren betonter Individualisierung. Jeder will seinen ganz persönlichen Kleidungsstil demonstrieren.

Diesen Trend hat man häufig als das Ende der Mode gefeiert oder beklagt. Bei genauerer Betrachtung erweist er sich allerdings nicht als Ende, sondern, im Gegenteil, als vorläufiger Höhepunkt der Mode.

Denn wenn es, wie wir gesagt haben, zum Wesen der Mode gehört, bestimmte Stilmerkmale aufzugreifen, ihre ursprüngliche, eindeutige Bedeutung aufzulösen und diese referenzlosen Zeichen in ein eklektisches Puzzle des schönen Scheins einzufügen, dann sind Mode und Postmoderne weitgehend identisch.

In diesem Sinne erfaßt und bestimmt die Mode heute nahezu alle gesellschaftlichen Bereiche, so gut wie alle Objekte und Verhaltensweisen in einem nie gekannten Ausmaß. So geht auch der einzelne mit sich selbst um wie die Mode mit den stilschöpferischen Subkulturen: Er transformiert den Ausdruck seiner selbst in bloßen Eindruck, in einen »Look«.

Die Mode tut dies für möglichst viele Menschen, der einzelne nur für sich selbst. Aber dieser Widerspruch ist nur ein scheinbarer. Denn auf der einen Seite gibt es Millionen dieser Individuen, die alle aus der gleichen Erfahrung heraus auf der Suche nach Einzigartigkeit sind und dementsprechend ähnliche Vorstellungen davon haben. Auf der anderen Seite ist die Mode, die ja die Verkörperung des proteischen Prinzips schlechthin ist, längst dabei, sich auf die individualistischen Tendenzen einzustellen. Wie schon so oft erhebt sie auch dieses Mal wieder die Anti-Mode zur Mode und propagiert »persönlichen Stil« für Millionen: Sie nimmt dem einzelnen die mühsame Inszenierungsarbeit ab und liefert ihm bereits fertige Stilpuzzles. Die Stilbrüche, ungewöhnlichen Zusammenstellungen, kleinen Ungereimtheiten, die sonst die »persönliche Note« ausmachen, kann man inzwischen vorgefertigt von der Stange kaufen. Aber auch eine technologische Konsequenz scheint sich anzubahnen: Die gigantischen Produktionsmaschinen zum Beispiel der deutschen Textilindustrie, die nur rentabel arbeiten, wenn sie von ein und demselben Stoff Zehntausende von Metern produzieren, sind für den auf viele kleine und individualistisch orientierte Zielgruppen ausgerichteten Markt nicht flexibel genug. In Italien dagegen, wo man meist noch die alten, kleineren Maschinen nutzt, kann man ein differenzierteres Angebot realisieren. So überlegt man inzwischen auch in deutschen Modekreisen, ob man nicht wieder auf flexiblere Produktionsweisen zurückgreifen sollte.[3]

Vorreiter der heutigen Mode sind die jugendlichen Subkulturen. Das war nicht immer so, und das muß nicht so bleiben. Gewisse Entwicklungen machen eine Ablösung dieser Modepioniere durch andere Gruppen nicht unwahrscheinlich.

Zumindest in der Bundesrepublik steht ein tiefgreifender Wandel in der Bevölkerungsstruktur bevor: Hochrechnungen gehen davon aus, daß schon im nächsten Jahrzehnt die Zahl der Jugendlichen (zwischen 15 und 24 Jahren) von zehn auf sechs Millionen sinkt, und daß in zwei, drei Jahrzehnten eine verschwindend geringe Minderheit von Kindern und Jugendlichen einer übergroßen Mehrheit von alten Menschen gegenübersteht.[4]

Minderheiten können Mode machen, haben wir gesagt. Allerdings nur solche Minderheiten, die die zentralen Probleme der Gesellschaft verkörpern. Die oppositionellen jugendlichen Subkulturen von heute, die stilschöpferischen Einfluß auf die Massenmode ausüben, tun das bisher nicht zuletzt deswegen, weil Jugendliche heute einen relativ großen Teil auch der passiven Mehrheit stellen.

In absehbarer Zeit wird das anders sein. Die Rolle der Mode-Pioniere werden dann womöglich andere Gruppen der Bevölkerung spielen: Subkulturen der »proteischen Arbeiter« zum Beispiel. Sie verkörpern mehr und mehr die Identitätsprobleme der ganzen Gesellschaft, und ihre Existenzbedingungen begünstigen expressive und innovative Kleidungsstile.

Natürlich werden Jugendliche aufgrund der ihnen eigenen Identitätssuche weiterhin eine Affinität zu solchen Stilen haben. Doch vorerst sind die Jugend-Stile in der Massenmode aufgegangen. Und wirklich neue, authentische Stile sind nicht in Sicht.

Die Mode jedenfalls wird bleiben, auch wenn – oder gerade weil – sie dann anders aussehen und sich ihre Anregungen von anderen Gruppen holen wird.

Anmerkungen

Warum der Mensch sich kleidet

1 Thomas Carlyle: Sartor Resartus oder Leben und Meinungen des Herrn Teufelsdröckh. Halle a.d. Saale, 1900, S. 79

2 Charles Darwin: The Voyage of the Beagle. 1959 (1845), S. 210

3 Desmond Morris: Der Mensch mit dem wir leben. München 1978

4 a.a.O., S. 325

5 So trug der erfolgreiche Tennisspieler Björn Borg während der Wimbledon-Turniere Match für Match dasselbe Tennishemd. In einem anderen, glaubte der Schwede, könne er nicht siegen.

6 In seiner „Insel der Pinguine" läßt der französische Schriftsteller Anatol France das Schammotiv und das erotische Motiv äußerst anschaulich aufeinandertreffen: Ein frommer Missionar will die von ihm bekehrten Pinguine auch entsprechend sittsam kleiden und beginnt sein Vorhaben mit einer Pinguin-Frau. Entgegen seiner Erwartung wird die Eingekleidete allerdings auf der Stelle von sämtlichen Pinguin-Herren auf das Hitzigste bedrängt . . .

7 Ein Revival dieser Mode – allerdings in weniger lebhaften Farben – strebten bekannte Modeschöpfer, z.B. Jean-Paul Gaultier, 1987 an.

8 J.C. Flügel: The Psychology of Clothes. London 1966 (1930)

9 Hermann Lotze: Mikrokosmus, Buch V, Kap. II. Leipzig 1856-1858

10 In Umberto Eco: Über Gott und die Welt. München 1985

11 Etwa P.N. Hamid: Style of dress as a perceptual cue in impression formation. In: Perceptual and Motor Skills. 1968, 26, S. 904ff.

12 M. Lefkowitz, R. Blake, J. Mouton: Status factors in pedestrian violation of traffic signals. In: Journal of Abnormal and Social Psychology. 1955, 51, S. 704ff.

13 K. Gibbins: Communication aspects of woman's clothes and their relation to fashionability. In: British Journal of Social and Clinical Psychology. 1969, 8, S. 301ff.

Gruppenbild mit Kleidern: Vorschriften und Vorlieben

1 Georg Simmel: Die Mode. In: Philosophische Kultur. Über das Abenteuer, die Geschlechter und die Krise der Moderne. Berlin 1986, S. 39

2 Simmel a.a.O., S. 40

3 René König: Menschheit auf dem Laufsteg. Die Mode im Zivilisationsprozeß. München-Wien 1985, S. 214

4 Richard Sennett: Verfall und Ende des öffentlichen Lebens. Die Tyrannei der Intimität. Frankfurt/M. 1983, S. 196f.

5 Bourdieus Überlegungen beruhen prinzipiell auf einer streng hierarchischen Drei-Klassen-Einteilung der Gesellschaft, die jedoch insofern aufgeweicht ist, als neben dem Kriterium ökonomisches Kapital als zweites das Kriterium kulturelles Kapital eingeführt wird. Vgl. Pierre Bourdieu: Die feinen Unterschiede. Kritik der gesellschaftlichen Urteilskraft. Frankfurt/M. 1982

6 Pierre Bourdieu: Die neuen Kleider der Bourgeoisie. In: Kursbuch 42, S. 175

7 „Distinguiert sein heißt nicht populär sein." (Pierre Bourdieu in einer Fernsehdokumentation „Die feinen Unterschiede", Hessischer Rundfunk 1986)

8 Die folgenden Charakterisierungen stützen sich auf Ergebnisse einer jüngst veröffentlichten Studie. Vgl. Outfit. Kleidung, Accessoires, Duftwässer. SPIEGEL-Dokumentation, Hamburg 1986

9 Vgl. Outfit. Tabelle 1 B, S. 39

10 Vgl. Outfit. Tabelle 1 B, S. 39

11 Horst Nowak, Ulrich Becker: Es kommt der „neue" Konsument. In: form. Zeitschrift für Gestaltung, Nr. 111, S. 14

12 Zum folgenden vgl. Outfit a.a.O., S. 35f.

13 Vgl. Outfit a.a.O., S. 18ff.

14 Auch in den ersten Kleidermanufakturen im alten Rom wurde ausschließlich Bekleidung für die Armee und für Sklaven gefertigt. Robuste Stoffe und einfache Schnitte galten als günstige Voraussetzungen für Serienproduktion.

15 Eine große Zahl der Konsumenten steht entsprechenden Angeboten bekannter Mode-Designer prinzipiell skeptisch gegenüber: Ein guter Modeschöpfer müsse ja zum Beispiel nicht auch ein guter Parfümkompositeur sein. Von anderen Konsumentengruppen (insbesondere dem „aufstiegsorientierten Milieu“) werden diese Angebote aber gerade wegen der bekannten Namen wahrgenommen, weil man so eine „stilistische Einheit“ quasi im Baukasten kaufen kann und damit der Mühe, eigenen Geschmack zu bilden, enthoben ist. (Vgl.Outfit a.a.O., Tabelle 23 B, S. 141)

16 Vgl. TIP, Nr, 15, 1986, S. 65

17 Thorstein Veblen: Theorie der feinen Leute. In: S. Bovenschen (Hg.) Die Listen der Mode. Frankfurt/M. 1986, S. 141

18 Die Angehörigen des „konservativen gehobenen Milieus“ sind überdurchschnittlich oft (52 Prozent) der Meinung, daß bestimmte Marken hohe Qualität garantieren und versuchen entsprechend, wenn sie ein Kleidungsstück kaufen, zunächst eine bestimmte Marke zu bekommen. (Vgl. Outfit, a.a.O., Tabelle 23 B, S. 141)

19 Die Mitglieder des „aufstiegsorientierten Milieus“ stimmen überdurchschnittlich oft (40 Prozent) der folgenden Aussage zu: „Ich orientiere mich vor allem an solchen Marken, die in der Mode immer aktuell sind.“ (Vgl. Outfit a.a.O., Tabelle 23 B, S. 141)

Die pure Hülle: Material, Farbe, Silhouette

1 So erließ Marc Aurel im Jahre 170 die erste Pelzsteuer, um das Jahr 300 versuchte Diokletian, mit einem Preislimit die ständig steigenden Pelzpreise zu stoppen, 400 verbot Honorius das Tragen von Pelzen überhaupt – ohne Erfolg.

2 Die Formulierung stammt von J.C. Flügel. Siehe auch Kapitel „Maskulin, feminin, androgyn?“

3 1987 weigerte sich etwa ein bekannter amerikanischer Fernsehunterhalter, die Wahl zur „Miss Universum“ zu moderieren, falls die Kandidatinnen auch mit echten Pelzen auftreten sollten.

4 Schon in den siebziger Jahren hatten alternative Jünglinge im Zuge des Nostalgie- und Zottel-Looks die Karnickel-Mäntel ihrer Omas und Tanten endgültig blankgetragen.

5 Eine Zusammenfassung von einschlägigen physiologischen und psychologischen Untersuchungen findet sich in: Martin Schuster u. Horst Beisel, Kunstpsychologie. Köln 1978.

6 „Oft die Hände, selten die Füße, niemals den Kopf“.

7 Graziella Butazzi: Schwarz in der Männermode. In: Münchner Stadtmuseum (Hg.), Anziehungskräfte, München 1986, S. 504-508

8 Vgl. F. Sander: Gestaltpsychologie und Kunsttheorie. Ein Beitrag zur Psychologie der Architektur. Neue Psychologische Studien. 1931, 8, S. 311-334

Die Macht der Mode

1 Sylvia Bovenschen: Über die Listen der Mode. In: Neue Rundschau. 1984, Heft 1/2, S. 87-109

2 Johann Ellinger: Allmodischer Kleyder Teuffel. Frankfurt/M. 1629

3 Werner Sombart: Wirtschaft und Mode. Ein Beitrag zur modernen Bedarfsgestaltung. In: Grenzfragen des Nerven- und Seelenlebens, Heft 12, S. 11ff.

4 Roland Barthes: Die Sprache der Mode. Frankfurt 1985 (1967), S. 309

5 Roland Barthes: Mythen des Alltags. Frankfurt 1974, S. 78

6 Vgl. Herbert Blumer: Fashion: From Class Differentiation to Collective Selection. In: Sociological Quarterly 1969, 10, S. 275ff.

7 Vgl. Simmel, a.a.O., S. 40

8 Vgl. Veblen, a.a.O.

9 Vgl. Simmel, a.a.O., S. 41

10 Philippe Perrot: Les dessus et les dessous de la bourgeoisie. Une histoire du vêtement au XIXe siècle Paris 1981

11 Vgl. Sennett, a.a.O., S. 192ff.

12 Auf einer anderen als der modischen Einfluß-Schiene hat mittlerweile auch das alternative Milieu Anleihen bei der Punk-Frisur aufgenommen. Spätestens mit dem Aufkommen der Punk-Bürste hatten die langen Haare des Alternativen ihre Funktion als Zeichen der Opposition verloren. In der Folge läßt sich der Alternative die wallende Mähne scheren und gelangt über verschiedene Zwischen- und Kompromißstufen zu einer Art Mecki mit kurzer Seitenpartie und einer langen Strähne im Nacken. Diese, oft geflochten, manchmal henna-gefärbt, ist für viele die letzte Reminiszenz an vergangene Zeiten, sozusagen die Nabelschnur zur Freakfrisur.

13 Etwa Serge Moscovici: Sozialer Wandel durch Minoritäten. München 1979

14 S. Moscovici u. B. Personnaz: Studies in social influence V: Minority influence and conversion behavior in a perceptual task. In: Journal of Experimental Social Psychology 1980, 16, S. 270-282

15 V. Aebischer, M. Hewstone u. M. Henderson: Minority influence and musical preference: innovation by conversion not coercion. In: European Journal of Social Psychology 1984, 14, S. 23-34

16 Belege dafür bieten die folgenden Arbeiten: G. Mugny, D. Rilliet u. S. Papastamou: Influence minoritaire et identification sociale dans des contextes d'originalité et de deviance. In Revue Suisse de Psychologie Pure et Appliquée. 1981, 40, S. 314-322.
S. Moscovici u. E. Lage: Studies on social influence IV: Minority influence in a context of original judgement. In: European Journal of Social Psychology. 1978, 8, S. 349-365

17 Vgl. C.M. Sommer u. Th. Wind: Menschen, Stile, Kreationen. Ein Streifzug durch die verwirrende Welt der Jugend-Stile. Berlin 1986

18 Grosses vollständiges Universal-Lexikon aller Wissenschaften und Künste. Leipzig/Halle 1736-1740, Bd. 12, S. 1190f.

19 zitiert nach V. Fischer: Nostalgie 1980, S. 14

20 W. Schivelbusch: Das nostalgische Syndrom. Überlegungen zu einem neueren antiquarischen Gefühl. Frankfurter Hefte 1973, 28, S. 270-276

21 Schütte, W.: Die Verdammten. In: P.W. Janssen u. W. Schütte (Hg.), Luchino Visconti. München/Wien 1976, S. 111

22 ,,HÖR ZU", zitiert nach Fischer 1980, S. 49

23 Der Zoot-Suit ist ein füllig wirkender Zweireiher, der dem Träger ein V-förmiges Aussehen verleiht. Seine größte Popularität erreichte der Anzug, ursprünglich die Chicano-Version amerikanischen Chics, in den dreißiger Jahren.

24 Malcolm McLaren und Vivienne Westwood sind ein gutes Beispiel für jene ,,Vermittler-Typen", die einerseits einer Subkultur angehören oder guten Kontakt zu ihr haben, und selbst Designer sind. Vivienne Westwood etwa gilt als ,,Erfinderin" – genauer wäre ,,Verbreiterin" – der Fetzen-T-Shirts und ,,Bondage-Hosen", zweier Kleidungsstücke, die dem Fundus des Gruppenstils der Punks entstammen.

25 Vgl. Outfit a.a.O., Tabelle 9 A, S. 88 und Tabelle 10 A, S. 90

26 Vgl. Barry Graves: Krieg der Stile. In: TIP, Nr. 9, 1984, S. 64

27 Zit. nach Musikexpress, Nr. 12, 1986, S. 40

Nicht nur Kleidung kleidet

1 Text eines Werbe-Videos für das Schmink-Programm „Les Diaboliques“ von Christian Dior.

2 Vgl. Psychologie der Kosmetik-Anwendung. Eine Untersuchung im Auftrag der „Freundin“, München 1984

3 Richard Sennett a.a.O., S. 245

Er, Sie, Es

1 Nach einer Befragung im Rahmen der „Shell-Studie '85“ hatten wegen ihrer Kleidung 44 Prozent der befragten Jugendlichen Streit mit ihren Eltern, 35 Prozent wegen ihrer Frisur. (Vgl. Jugendliche und Erwachsene '85. Generationen im Vergleich, herausgegeben vom Jugendwerk der Deutschen Shell, Opladen 1985, Band 3, S. 101)

2 Vgl. Ingeborg Weber-Kellermann: Der Kinder neue Kleider. Zweihundert Jahre deutsche Kindermoden. Frankfurt/M. 1985, S. 18f.

3 Neil Postman: Das Verschwinden der Kindheit, Frankfurt/M. 1983, S. 66

4 Beim Jeans-Kauf absolut markentreu verhalten sich in der Altersgruppe der 14- bis 19jährigen 30 Prozent der Jungen und 22 Prozent der Mädchen (Quelle: Outfit, Tabelle 24 A, S. 127 und Tabelle 25 A, S. 151).

5 Vgl. Postman a.a.O., S. 137f.
Die Meinungsforschung hat sich diesen Veränderungen bereits angepaßt. Nach einer Konvention aus den fünfziger Jahren war die Gruppe der Kinder bis zum vollendeten 14. Lebensjahr, die der Jugendlichen vom 15. bis zum vollendeten 24. Lebensjahr definiert. Seit etwa 1975 haben sich viele Institute umgestellt: Die Kindheit endet für die Umfrageforschung jetzt mit 12 und das Jugendalter mit 29.

6 Esprit Corporate Profile 1983.

7 In der Gründerzeit etwa trugen Knaben bis zum dritten, vierten Lebensjahr „Mädchenkleider“ und wurden erst dann „behost“. Vgl. I. Weber-Kellermann, a.a.O., S. 79ff.

8 Vgl. Alison Lurie: The Language of Clothes. New York 1983, S. 214

9 Vgl. Elizabeth Wilson: Adorned in Dreams. Fashion and Modernity. London 1985, S. 122f.

10 Vgl. Cora Stephan: Dessouveränität. In: Kursbuch Nr. 79, Februar 1985, S. 169ff.

1 Der Begriff „protean white collar workers“ geht zurück auf R.J. Lifton: Protean man. In: Partisan Review. 1968, 35, S. 13-27

2 Richard Sennett a.a.O., S. 368

3 Persönliche Mitteilung von Wendelin Grommelt, Direktor des Deutschen Mode-Instituts.

4 Bruno Tietz: Optionen bis 2030 – Szenarien und Handlungsalternativen für Wirtschaft und Gesellschaft in der Bundesrepublik Deutschland. Stuttgart 1986.

Bildquellen

Air France Atlas 3/87 *(S. 186/links)*

Apel, Friedmar: Angezogen – Ausgezogen. Bilder und Texte zum inszenierten Leben. Berlin/Weinheim 1984 *(S. 176/177)*

Archiv der Autoren *(S. 53/54, 66, 87–89/Privatfotos, 90–92/Privatfotos, 93–95/Privatfotos)*

Bernd Bexte, Frankfurt. Aus: Kinderkalender 1987 von 2001 *(S. 100/101)*

BLITZ, London, Heft 9/86 *(S. 18/Foto: David Hiscock, 33/Anzeige)*

dpa – Deutsche Presse-Agentur *(S. 36, 83, 115, 142, 156, 189)*

Deutsches Institut für Filmkunde, Frankfurt *(S. 23, 87/unten)*

Baron von Eelking: Bilanz der Eitelkeit. Die Geschichte der Krawatte. Göttingen 1976 *(S. 110/111)*

Peter W. Engelmeier-Bildarchiv, München *(S. 74, 128, 144, 162)*

Esprit-Katalog, Februar/März/April 1985 *(S. 173/unten)*

The Face, London *(S. 50/Anzeige, 198/aus Heft 1/86 – Foto: Hat, New York)*

Farren, Mick: Black Power. Der Kult der schwarzen Lederjacke. München 1986. Mit freundlicher Genehmigung des Wilhelm Heyne Verlages entnommen aus dem Scene-Band 57 *(S. 78)*

Fauser, Jörg: Marlon Brando. Verlag Monika Nüchtern. München 1978 *(S. 63, 143)*

Goude, J. P., in: Femme 20/86 *(S. 120)*

Jungwirth, Nikolaus/Kromschröder, Gerhard: Die Pubertät der Republik. Frankfurt/Reinbek 1978; © Jungwirth/Kromschröder *(S. 68/69)*

Laver, James: Costume & Fashion. Thames und Hudson. London 1969 + 1982. © James Laver *(S. 15/32/181)*

Loschek, Ingrid: Mode im 20. Jahrhundert. München, 2. überarbeitete Aufl. 1984 *(S. 117/links)*

Lurie, Alison: The Language of Clothes. New York 1983 – John Held Jr. 1926 *(S. 84)*

Michel & Co., Frankfurt/Sunshine Cards Nr. 186 *(S. 114)*

Pandis-Presseagentur GmbH, München *(S. 14, 149, 169)*

Parkinson, Norman: Sister under the Skin. Quartet Books. London 1978 *(S. 153)*

Peacock, John: Costume 1066–1966. Thames and Hudson Ltd., London 1986 *(S. 108)*

Perot, Philippe: Les Dessins et le Dessous de la Bourgeoise. Arthème Feyard. Brüssel 1981 *(S. 82)*

Pohlenz, Bernd: Körpersprache – und 111 andere hübsche Cartoons. © 1987 by Diogenes Verlag AG Zürich *(S. 195)*

Sheila Rock für TEMPO 2/87 *(S. 178)*

Photo Selection, Hamburg/Foto: Derek Ridgers *(S. 117/rechts)*

Swatch, New York, in: Interview 6/86 *(S. 129)*

Tierney, Tom: Paper Dolls. New York 1979 *(S. 80/81)*

Süddeutscher Verlag-Bilderdienst, München *(S. 75, 131, 157, 186/rechts)*

VOGUE 10/85, 12/85 und Männer VOGUE 2/87 – Mit freundlicher Genehmigung der deutschen VOGUE *(S. 30/André Rau, 49/Studio Poli, 61/Herb Ritts, 65)*

Weber-Kellermann, Ingeborg: Der Kinder neue Kleider. Suhrkamp Verlag. Frankfurt 1985 *(S.173/oben)*

Yuppie-Handbook 1984, in: DIE ZEIT Nr. 24 vom 8.6.1984 *(S. 51)*